NIE MEHR SÜCHTIG SEIN

Reinhard Haller

NIE MEHR SÜCHTIG SEIN

Leben in Balance

ecoWIN
SALZBURG – MÜNCHEN

1. Auflage

Gesetzt aus der Minion Pro, Syntax

Medieninhaber, Verleger und Herausgeber:
Red Bull Media House GmbH
Oberst-Lepperdinger-Straße 11–15
5071 Wals bei Salzburg, Österreich

Satz: MEDIA DESIGN: RIZNER.AT
Printed in Slovakia
ISBN 978-3-7110-0123-8

Inhaltsverzeichnis

Vorwort

Sucht ist ein zeitloses und aktuelles, ein konstantes und sich ständig wandelndes Phänomen zugleich. Viele Ursachen, Voraussetzungen und Bedingungen süchtigen Verhaltens sind menschliche Grundstörungen, die sich über Generationen hinweg kaum verändern. Missbrauch und Abhängigkeit von psychotropen Substanzen und berauschenden Verhaltensweisen sind menschliche Urprobleme. Die Abhängigkeitserkrankungen an sich sowie der Verlauf von süchtigen Entwicklungen erweist sich über Jahrhunderte hinweg als erstaunlich stabil.

Einer steten Änderung unterliegen aber die einzelnen Suchtmittel und die süchtigen Verhaltensweisen. Dies hängt wesentlich davon ab, ob neue Drogen entwickelt werden, welche Suchtmittel in welcher Menge auf den Markt kommen, wie die Griffnähe der suchtmachenden Mittel ist, wie die Zugangsmöglichkeiten und Regulationsmechanismen gestaltet sind. Vor allem aber, wie sich die Bereitschaft zur Drogenverwendung, das Bedürfnis nach Berauschung und die Motivation zur Einnahme psychotroper Substanzen entwickelt.

In den letzten Jahren sind die Drogengebrauchsmuster anders geworden: Heroin ist eher in den Hintergrund getreten und gilt heute als *Loser Drug*. Cannabis hat sich zur Volksdroge etabliert und Kokain sich weit über die traditionellen Gebrauchergruppen hinaus verbreitet. Der Pro-Kopf-Verbrauch von Alkohol hat sich auf einem hohen Niveau eingependelt, bezüglich Rauchen ist der Umgang kritischer geworden. Eine nicht geahnte Renaissance erleben die medikamentösen Suchtmittel und die sogenannten Designerdrogen beherrschen derzeit die Szene. Nach der digitalen Revolution sind aber auch die Verhaltenssüchte wie Internet-, Online-, Handy- oder Spielsucht in den Vordergrund getreten.

Sucht ist also ein schillerndes, nie ganz fassbares und nie kalkulierbares Phänomen, das sich auf allen Ebenen des menschlichen Daseins abspielen kann. Es ist deshalb an der Zeit für eine Neuauflage des 2007 erschienenen Buches *(Un)Glück der Sucht*. Vieles was damals geschrieben wurde, bleibt weiterhin bestehen. Manches muss in Anbetracht der raschen Entwicklung aktualisiert werden. Zu einem Abschluss kommen wird das Thema Sucht niemals: Der Mensch ist und bleibt ein süchtiges Wesen, die Sucht ein sich stets wandelndes Phänomen.

Wussten Sie, dass …

… 90 Prozent der Menschen in irgendeiner Weise süchtig sind?

… für Suchtmittel mit 500 Milliarden US-Dollar pro Jahr mehr Geld als für die Ernährung der Menschheit ausgegeben wird?

… ein Raucher sein Leben um durchschnittlich sechseinhalb Jahre verkürzt?

… pro Sekunde mehr als 30 000 Pornoclips und rund 50 Gigabyte Daten mit pornografischen Inhalten angesehen werden?

… bei Cannabiskonsumenten die Gefahr, an einer Psychose zu erkranken, um 41 Prozent erhöht ist?

… 20 Prozent der einjährigen Kinder und 90 Prozent der Dreijährigen regelmäßig vor dem Fernseher sitzen?

… in Deutschland mit Glücksspielen und Wetten jährlich 32 Milliarden Euro umgesetzt werden?

… die Zahl therapiebedürftiger Alkoholiker seit 1950 um das Zwölffache gestiegen ist?

… die von alkoholisierten Jugendlichen verübten gewalttätigen Delikte in Europa jährlich Schäden in der Höhe von über 50 Milliarden Euro verursachen?

… die Bank von England bei einer Überprüfung von zwei Millionen 10- und 20-Pfund-Scheinen an 40 Prozent Kokainspuren finden konnte?

… ein Heroinabhängiger täglich 150 bis 200 Euro zur Finanzierung seiner Sucht aufbringen muss?

… der weltweite Umsatz mit dem Online-Glücksspiel bei einer halben Billion Dollar liegt?

… nahezu jedes menschliche Verhalten süchtig entarten kann?

Und haben Sie schon einmal bedacht, dass …

… mütterlicher Missbrauch von Nikotin, Alkohol und Drogen die mit Abstand häufigste Ursache für Kindesmissbildungen ist?

… die in Deutschland pro Jahr gerauchten 145 Milliarden Zigaretten und Zigarillos in den Körpern der Raucher 1500 Tonnen Teer hinterlassen?

… die Kosten für eine Alkoholentwöhnungskur etwa 15.000 Euro, jene für eine Lebertransplantation etwa 200.000 Euro betragen?

… eine der schwerwiegendsten Folgen der Computersucht die Fettsucht ist?

… die Suchttherapie im Gegensatz zu ihrem Ruf zu den erfolgreichsten medizinischen Disziplinen gehört?

… durch die Sucht eines Menschen durchschnittlich zehn weitere Personen in Mitleidenschaft gezogen werden?

… Angehörige durch ihre (unbewusst) unterstützende Haltung als Co-Abhängige oft zur Verlängerung der Suchterkrankung beitragen?

… Sucht die einzige Krankheit darstellt, bei der ausschließlich der Betroffene über Heilung oder Rückfall entscheidet?

Einleitung

Das Thema Sucht hat anhaltend Hochkonjunktur. Neben den traditionellen Berichten über illegale Drogen hören wir von ausuferndem Jugendalkoholismus, von Kampf- und Komatrinken, von verheerenden Auswirkungen des Rauchens und Schutz der Nichtraucher, dem verbreiteten Medikamentenmissbrauch und dem immer dringlicher werdenden Problem Internet-, Computer-, Handy- und Spielsüchte. Wir klagen über die Ballermannkultur und die modernen Seuchen wie Ess-Brech-Sucht (Bulimie) oder Magersucht, fürchten uns vor den Auswirkungen neuer Rauschgiftwellen und diskutieren mit Eifer über die richtigen Lösungen. Fast tägliche Pressemeldungen berichten über die steigende Zahl an Drogenprobierern und -abhängigen, über die Ausbreitung von Hepatitis und HIV sowie die vielen Drogentodesfälle. Es wird über das ständig sinkende Einstiegsalter und die Verbreitung von Nikotin und Alkohol bei Kindern geschrieben, über ansteigenden Medikamentenmissbrauch bei Frauen und Alkoholprobleme bei alten Mitbürgern. Wir werden vor neuen, noch gefährlicheren Giften, vor Crystal Meth, Ketaminen und Naturdrogen gewarnt. Experten warnen uns vor einer durch und durch süchtigen Welt, in der wir nicht trotz, sondern nur noch wegen der chemischen Substanzen existieren können … Wir hören plötzlich von Handy- und Facebooksucht, fassen eine Reihe von gewohnheitsmäßigen und dominierenden Verhaltensweisen als Verhaltenssüchte zusammen und fragen uns verwundert, ob der moderne Mensch ein einziger Suchthaufen ist und die Süchtigkeit vor gar nichts mehr haltmacht.

Sie werden nun, verehrte Leserinnen und Leser, vermuten, dass der Autor eines Sachbuches das tut, was Gepflogenheit jedes Referenten, Vortragenden und Schreibenden ist, nämlich die Bedeutung seines Themas ins rechte, grelle Licht zu stellen. Von »einem der größten Probleme unserer Gesellschaft«, einer »schicksalhaften Frage für das Überleben der Menschheit« und einer »Entwicklung, die jeden von uns treffen kann« zu sprechen, sind hochverdächtige Formulierungen. Um Ihnen die Bedeutung meines Themas vor Augen zu führen, will ich Sie nicht zu einem kritischen Blick auf Ihre eigenen Gewohnheiten und Abhängigkeiten auffordern und auch nicht eindrucksvolle Statistiken und Zahlen referieren, sondern stattdessen die Ergebnisse einer kleinen, wohl ironisch gemeinten, aber trotzdem wahren Untersuchung aus den USA liefern. In dieser wurden amerikanische Erzieher befragt, welches die größten Probleme ihrer Schüler seien. Die 1940 und 2005 erhobenen Hitlisten zeigen tatsächlich eindrucksvolle Unterschiede (wie bei einer Siegerehrung beginnen wir mit dem letzten Rang):

1940	2005
7. Abfall nicht in den Papierkorb werfen	7. Raub
6. Unangemessene Kleidung	6. ungewollte Schwangerschaft
5. Vordrängeln	5. Selbstmord
4. Rennen auf dem Flur	4. Körperverletzungen
3. Lärmen	3. Computer- und Videospiele
2. Kaugummi kauen	2. Alkoholmissbrauch
1. Schwätzen	1. Drogenmissbrauch

Diese keinesfalls repräsentativen Ergebnisse zeigen einen klaren Trend: Süchtige Verhaltensweisen stellen ein großes Problem dar, vor allem für unsere Jugend.

Wenn man aber über Alkohol, Drogen und Sucht spricht, fällt man leicht in eine von positiven und negativen Superlativen geprägte Sprache. Da ist von gigantischen Umsätzen mit Rauschgift und Glücksspielen, von neuen Drogen-Rekordernten und drohenden Heroinwellen, vom Reichtum der Kokainbarone, vom Wirtschaftsfaktor Alkohol und vom Boom der Psychopillen, von Doping und Brainboosters die Rede. Wir lesen von grausamen Drogenkriegen und der Beschlagnahmung riesiger Kokainmengen, von unvorstellbaren Summen an Schwarzgeldern oder der Verbindung von Rauschgift- und Waffenhandel. Lassen wir uns durch diese Sensationsberichte und die Extrembeispiele nicht von uns selbst, von unseren störenden Gewohnheiten und Abhängigkeiten ablenken?

Sucht spielt sich jedenfalls nicht nur bei den anderen, sondern bei jedem von uns ab. Sucht lässt sich nicht nur auf jene drei Prozent der Bevölkerung, die alkoholkrank sind, auf die zwei Prozent Medikamenten- und die 0,5 Prozent Rauschgiftsüchtigen, nicht nur auf die deklarierten und diagnostizierten Ess-Brech- und Magersüchtigen projizieren. Süchtige Anteile hat fast jeder von uns. Sie bestehen in Gewohnheiten, welche einen eigenständigen Charakter annehmen, in Impulsen, über die wir die Kontrolle verlieren oder in tatsächlichen Abhängigkeiten von psychisch wirksamen Substanzen. Oft sind wir uns ihrer Bedeutung gar nicht bewusst, fast nie sehen wir dahinter eine Störung oder gar eine Krankheit.

Süchtiges Verhalten stellt ein uraltes, zutiefst menschliches Phänomen dar. Der Wunsch nach vorübergehender Flucht aus der Realität ist so alt wie die Menschheit selbst. Jedes Individuum hat das Bedürfnis, sich abzulenken, zu entspannen, zu beruhigen oder sich in eine Scheinwelt zu entrücken. Dies geschieht manchmal über bestimmte Verhaltensweisen, manchmal mit speziellen meditativen Techniken, oft aber mit Hilfe von psychotropen Substanzen.

In keiner Zeit der Menschheitsgeschichte waren so viele Substanzen mit berauschender Wirkung verfügbar wie heute. Nur ein verhältnismäßig kleiner Teil davon ist nutzbringend und wird in Therapie und Medizin zur wirksamen Behandlung von psychischen und körperlichen Leiden eingesetzt. Der Großteil der Drogen dient der Realitätsflucht, dem Wunsch nach neuen Erlebnissen und Eindrücken, der Beseitigung unangenehmer Gefühlszustände oder schlichtweg dem Erleben von Spaß. Typisch für die pluralistische Gesellschaft sind die Widersprüche, welche sich aus großen Freiräumen und unbegrenzten Möglichkeiten auf der einen und der zunehmenden Einengung durch Vorschriften und Überwachungen auf der anderen Seite ergeben. Drogen und süchtige Verhaltensweisen bilden eine Möglichkeit, diesen Gegensatz scheinbar zu überwinden. Mit ihrer Hilfe lassen sich Grenzen überschreiten und die sogenannten Über-Ich-Strukturen – also alles, was mit Gewissen und Regeln zu tun hat – ein Stück weit auflösen.

Die Sehnsucht nach neuen Erlebnissen und veränderten Gefühlszuständen, nach scheinbarem Glück und künstlichen Paradiesen ist größer als der Widerstand gegen unübersehbare Gefahren. Gerade unter jungen Menschen ist die Bereitschaft zum Risiko nach dem Motto »No risk – no fun« erheblich. Da dabei aber oft nicht genügend Brems-, Hemm- und Steuerungsmechanismen zur Verfügung stehen, kommt es häufig zu großen Schwierigkeiten.

Wenn Sie zum vorliegenden Buch greifen, erwarten Sie keine komplizierten Suchttheorien und keine hochwissenschaftlichen Erklärungen für eines der schwierigsten persönlichen und gesellschaftlichen Probleme. Sie bekommen keine trockenen Statistiken präsentiert, wiewohl diese im Suchtbereich sehr eindrucksvoll wären, und werden mit Zahlenmaterial weitgehend verschont. Das Buch kann Ihnen auch nicht eine der vielen Behandlungen mit Erfolgsgarantie, einen Tipp zum weichen Entzug oder eine Formel zur Umprogrammierung des süchtigen Gehirns liefern. Die in jedem Suchtwerk inbrünstig wiedergegebenen wissenschaftlichen Definitionen werden Sie ebenso vermissen wie Symptom- und Checklisten oder Kriterienkataloge. Dem Autor liegt es auch fern, Sie mit den »wahren Lösungen«, mit Heilungsversprechungen oder schlichtweg mit der unkritischen Hoffnung auf eine suchtfreie menschliche Existenz beglücken zu wollen.

Vielmehr enthält das Buch viele Geschichten von Süchten und Süchtigen und gibt begleitende Erklärungen. Es erzählt Begebenheiten, die sich um die erstaunlichen und letztlich nie ganz begreifbaren Phänomene Sucht und Abhängigkeit drehen, beschreibt normale und schillernde Formen der Rauschzustände und geht den Umständen nach, durch welche Menschen in den Sog der Sucht geraten können. In der arabischen Medizin waren die Psychiater Geschichtenerzähler oder, umgekehrt betrachtet, die Geschichtenerzähler mussten Psychotherapeuten sein. Es musste ihnen gelingen, zu jedem Problem, zu jeder Form von Lebensschwierigkeit oder Krise, zu Verstimmungszuständen oder Todeswünschen, zur Flucht in die Sucht oder zum Elend des abhängig gewordenen Menschen eine passende Erzählung zu finden. Diese sollte in ihrer Dramaturgie, ihrem inneren Gehalt und ihrer symbolischen Kraft das Problem des Patienten widerspiegeln, seine Situation aus einem anderen Blickwinkel analysieren und letztlich einen Weg zur Heilung zeigen.

Genau diesem hohen Anspruch möchte das vorliegende Buch entsprechen. Der Leser soll sich in der einen oder anderen Geschichte selbst finden, soll in den Leiden der Süchtigen seine eigenen abhängigen Anteile und Verhaltensweisen wiedererkennen, soll Hinweise auf den richtigen Umgang mit suchtkranken Mitmenschen erhalten und vielleicht auch Lösungen finden können. Eines will das Buch ganz sicher nicht: Menschen entmündigen, sie bevormunden und ihnen Ratschläge geben, die mehr Schlag als Rat sind. Der suchtanfällige oder

-kranke Patient (das Wort des Leidenden trifft den Zustand des Süchtigen viel besser als das so modern klingende des Klienten) soll nicht neuerlich von außen gelenkt und dadurch beengt werden. Er soll vielmehr die Unfreiheit, in welche ihn zwanghafte Verhaltensweisen oder berauschende Substanzen gebracht haben, reflektieren und sich davon distanzieren können. Vor allem aber soll er erkennen, dass die Lösung des Suchtproblems ganz in seiner Person liegt. Sucht ist die einzige Krankheit, bei der letztlich nur ein einziger Arzt wirklich heilen kann: der Betroffene selbst.

Vom Verlust der Freiheit

In einer ländlichen Gemeinde vor dem Arlberg mussten die Bewohner dreier benachbarter Häuser mit zunehmendem Ärger feststellen, dass ihnen die Post zu völlig unterschiedlichen Tageszeiten zugestellt wurde. Die einen erhielten Zeitungen und Briefe bereits in der Früh, die anderen gegen Mittag, die dritten gar erst am Nachmittag. Diese nicht länger hinzunehmende Ungerechtigkeit führte nicht nur zu Zerwürfnissen zwischen den Nachbarn, sondern hatte geharnischte Proteste bei der Postbehörde zur Folge, welche der Sache auf den Grund ging. Nach intensiver Befragung des Postboten konnte die Ursache für dessen ungehöriges und vorerst unlogisch scheinendes Agieren in einer geradezu lächerlichen Kleinigkeit gefunden werden: Der verdienstvolle Beamte erhielt auf seinem Rundgang immer wieder Zuwendungen, hier eine Jause, da eine Tasse Kaffee und in drei Häusern Alkohol. Diese lagen ausgerechnet nebeneinander. Da er die Alkoholzuwendungen sehr schätzte, aber nicht – wie er sagte – »in einem Zug« trinken wollte, musste er sich anders behelfen. Entsprechend seinem Trinkstil, der nicht durch rauschartige Exzesse, sondern durch kontinuierlichen Konsum gekennzeichnet war, musste er für mehrstündige zeitliche Distanz zwischen dem Genuss der einzelnen alkoholischen Getränke sorgen. Dem trug er durch die geschilderte Gestaltung des Rundganges Rechnung.

Als der eingeschaltete Betriebsarzt einschlägige Befunde erhob und den Verdacht auf ein Alkoholproblem äußerte, reagierte der Postbote entrüstet: Er trinke weniger als alle anderen, habe noch nie blaugemacht, sei noch kein einziges Mal mit Alkohol am Steuer erwischt worden und habe in seinem Leben nicht einen Rausch gehabt – »seit der Musterung«, fügte er hinzu. Dass er seit damals mit Ausnahme der Nachtstunden auch nie mehr ganz nüchtern gewesen war, verschwieg er indes geflissentlich.

Der Postbote hatte immer getrunken, dies jedoch in heimlicher, stiller und unauffälliger Weise. Er war nie durch Räusche, Kontrollverluste oder Alkoholfolgesymptome auffällig geworden. Durch sein mäßiges, aber regelmäßiges Trinken hatte er einen Konsumationsstil entwickelt, den man als »Spiegeltrinken« bezeichnet. Dadurch wurde sein körperliches und psychisches Gleichgewicht auf eine leichte bis mittelgradige, aber nie ganz absinkende Alkoholkonzentration eingestellt. Er war zum rauscharmen, kontinuierlichen Trinker geworden, der die Kontrolle nie verliert – weswegen er zwischen den Besuchen der drei Alkoholstationen auf seinem Rundgang auch jeweils eine mehrstündige Pause einlegen konnte –, jedoch unfähig zur Abstinenz war. Da er erkennbare Berauschungen stets vermied, blieb sein Alkoholproblem seinen Kollegen und Vorgesetzten, seinen Kindern und seiner Frau, letztlich aber auch ihm selbst verborgen.

Die Familie Maier hatte ein wunderschönes Eigenheim errichtet. Stararchitekt und beste Handwerker, Innendesigner und Gartengestalter, edelste Materialien und hohe Rechnungen garantierten, dass die Vorstellungen des Familienoberhauptes, eines gewichtigen Bankdirektors, umgesetzt und sein Traum vom Wohnen realisiert werden konnten.

Nach Fertigstellung des Wunderwerkes hätte die Familie, mit der es das Schicksal auch sonst gut meinte, eigentlich glücklich sein können, wenn … wenn da nicht ein auffälliges Putzverhalten von Frau Maier dazwischengekommen wäre. Sie hatte sich an der Grundreinigung des Hauses beteiligt und das Kommando über den Putztrupp übernommen. Da sie mit Leistung und Genauigkeit der Gehilfen in keiner Weise zufrieden war, jagte sie alle kurzerhand davon und begann, selbst Tag und Nacht zu putzen. Sie war für keinen zu sprechen und lehnte jede Hilfe ab, da niemand ihren Sauberkeitsvorstellungen entsprechen konnte. Sie vernachlässigte den Haushalt, kümmerte sich kaum noch um Mann und Kinder und ließ sich auf keine Diskussion mehr ein.

Die Hoffnung auf ein Ende ihres Zwangs nach der dreimal durchgeführten Grundreinigung erwies sich als trügerisch. Frau Maier putzte und putzte, sie fing bereits in der Früh mit dem Schrubben und Wischen an, führte zu Mittag eine Zwischen- und am Abend eine Schlussreinigung durch, stand selbst in der Nacht auf und ließ stundenlang den Staubsauger laufen. Sie desinfizierte täglich Türschnallen und Armaturen, staubte Lampenschirme und Möbel jeden Tag mehrmals ab, kratzte mit speziellen Instrumenten Dreck aus den Fugen, saugte an Matratzen und Polstern und reinigte jeden zweiten

Tag alle Fenster des Hauses. Wenn sie mit den Wohnräumen fertig war, stürzte sie sich auf Keller und Dachboden, dann auf die Gänge und die Garage. Sie argumentierte, in der Früh die Böden von Hausstaubmilben und am Nachmittag die Möbel von Sporen befreien zu müssen. Sie verbot den Kindern, im Haus zu spielen, und reagierte mit Wutanfällen, wenn jemand das Gebäude mit Straßenschuhen betrat. Besucher wies sie aus Angst vor Verunreinigung am Eingang ab, auf Klingeln reagierte sie nicht mehr. Selbst ihre Angehörigen wurden mit diversen Begründungen ausgeladen. Wenn ein Kind Brot aufschneiden wollte, reagierte sie aus Angst vor den Brosamen mit heller Panik.

Längst diente das Putzen nicht mehr dem Reinigen, sondern dem Selbstzweck ihres Handelns. Durch das viele Putzen ging der Glanz der Böden verloren, manche Materialien nahmen in Folge des ständigen Schrubbens sogar Schaden. Frau Maier putzte nicht mehr für Sauberkeit und Pflege, sondern um des Vorgangs an sich willen. Wenn sie nicht putzte, fühlte sie sich unwohl, unausgeglichen, sogar unrein und – wie sie meinte – unnütz. Das Traumhaus war zu einem sterilen Luxusgut, zu einem nicht mehr bewohnbaren Pflegestück geworden. Infolge der Putzsucht von Frau Maier existierten Partnerschaft und Familienleben nicht mehr. Eines Morgens meinte ihr verzweifelter Mann, sie könnte doch noch die Dachziegel abbürsten, was sie im Laufe des Tages tatsächlich bewerkstelligte. Ebenso setzte sie seinen zynischen Vorschlag, die Kieselsteine der Gartenwege auszusaugen und zu waschen, unmittelbar in die Tat um.

Als sich Frau Maier endlich zum Besuch eines Psychotherapeuten überreden ließ, stellte dieser neben einer zwanghaften Persönlichkeitsstruktur schwere Minderwertigkeitsgefühle, besonders gegenüber ihrem Mann, eine ausgeprägte Entlastungsdepression nach den Strapazen des Hausbaus und eine tiefe Sinnkrise fest. Durch Flucht in die Putzsucht versuchte sie sich Bestätigung und Genugtuung zu verschaffen, ihren Depressionen zu entfliehen und ihre Selbstwertzweifel zu kompensieren. Die Putzsucht wurde durch ihre Genauigkeit, ihren Perfektionismus und ihre hohen Leistungsansprüche begünstigt, ist aber weit über diese Persönlichkeitszüge hinausgegangen. Das Putzverhalten ist erst nach Bezug des neuen Hauses zum Zwang und zur Sucht geworden und hat dann den eigendynamischen Verlauf jeder Suchtkrankheit mit Steigerung der Dosis, immer rascherem Wiederholen des Verhaltens und mit Verlust der Kontrolle genommen.

Man kann fragen, weshalb sie nicht Entspannungsmedikamente genommen oder die Stimmung verbessernde Wirkung des Alkohols gesucht hat und nach Substanzen süchtig geworden ist. Wahrscheinlich hat dies mit der Symbolik des Putzens und mit dem suchtartigen Wunsch, sich neben ihrem beängstigend erfolgreichen Mann in ihrem Zuständigkeitsbereich als perfekt zu präsentieren, zu tun.

Ein junges Paar wurde mitten in der Nacht durch heftiges Pochen an der Haustür aus dem Schlaf gerissen. Als der Mann öffnete, wurde er von einem Unbekannten mit den Worten »Gib es sofort her!« attackiert und im Laufe des nachfolgenden Handgemenges mit einem Messer schwer verletzt. Auch die zu Hilfe eilende junge Frau wurde vom Eindringling brutal niedergestochen. Wie die Rekonstruktion ergab, hatte dieser nach der Messerattacke das Haus gezielt durchsucht, einen vom Ehepaar am Vortag erworbenen alten Schrank aufgebrochen und einem darin befindlichen Geheimfach, dessen Existenz den Käufern gar nicht bekannt war, etwas entnommen. Dies war nicht, wie wir vermuten könnten, ein wertvoller Schmuck, ein geheimnisvoller Schatz oder ein Bündel voller Geldscheine, nein – es war ein Brief mit Kokain.

Laut Ermittlungen handelte es sich beim bald gefassten Täter um einen 50-jährigen, strafrechtlich noch nie in Erscheinung getretenen, mehrfach beschäftigten Beamten. Neben seinem Büroberuf hatte er, mit hohen Schulden kämpfend, einen Zusatzjob als Hausverwalter und dann noch eine Drittstelle als Securitymann in einem Nachtclub übernommen. Dort kam der chronisch überlastete, ausgepowerte Mann in Kontakt mit Kokain und lernte die aktivierende, euphorisierende, jegliche Müdigkeit vertreibende Wirkung dieser Substanz kennen. Mit Kokain ging die Arbeit leicht von der Hand, er fühlte sich voll Schwung und Motivation und spürte nichts mehr von Resignation und Depressivität.

Vorerst nahm er das Kokain vereinzelt, dann an den Wochenenden, bald jeden Abend ein. Die Wirkung einer Line hielt nicht mehr so lange an. Es fiel ihm gar nicht auf, dass er das Kokain plötzlich auch an den freien Tagen nicht missen wollte. Bald war er nicht mehr fähig, ohne Kokain zu arbeiten und zu leben, er brauchte die Substanz wie das tägliche Brot und hatte das Gefühl, ohne das weiße Pulver nicht mehr zu funktionieren. Ohne Kokain wurde er unruhig, reizbar und aggressiv, auf Kleinigkeiten reagierte er panisch. Obwohl er

Einnahmefrequenz und -dosis kontinuierlich steigern musste, meinte er stets, sich selbst, seine Arbeiten und auch den Drogenkonsum im Griff zu haben.

Die im Nachtmilieu erworbenen Kokainvorräte versteckte er an seinem Arbeitsplatz in einem im Abstellraum stehenden alten Schrank. Als er eines Abends, schon unter aufkommenden Entzugserscheinungen leidend, sein »Power-Pulver«, wie er es nannte, holen wollte, bemerkte er voll Entsetzen das Verschwinden des Möbelstücks. Völlig konfus verschaffte er sich Informationen zum Verkauf des Schranks und die Adresse des Käufers. Als er bei dessen Haus eintraf, habe er sich nach seinen Worten in einem »unsäglichen« Zustand, in der Verfassung »einer Bombe kurz vor der Explosion« befunden. Sein ganzes Fühlen, Denken und Handeln richtete sich nur noch auf den einen Wunsch, unter allen Umständen und ohne jegliche Verzögerung eine Line zu ziehen. Er musste nur noch ein letztes Hindernis überwinden, den sich ihm in den Weg stellenden Mann beseitigen. Dann hatte seine Qual ein Ende, dann wartete auf ihn die Befreiung. Durch nichts hätte er sich davon abbringen lassen, es gab kein Halten mehr.

Die drei Geschichten, so unterschiedlich ihre Hauptpersonen und die einzelnen Milieuumstände sein mögen, haben einen gemeinsamen Kern und eine nahezu identische Dramaturgie. Irgendetwas – eine Substanz, ein Verhalten, ein Gefühl – gewinnt im Leben eines Menschen an Bedeutung, nimmt sein Interesse gefangen, wird immer verlockender und stärker, rückt in den Mittelpunkt seines Fühlens und Wollens und ergreift von seiner Person ganz und gar Besitz. Das Individuum, das über lange Zeit dieses eine – den Alkohol, das Putzen, das Pulver – nach eigenem Gutdünken herangezogen oder auf der Seite gelassen hat, verliert die Kontrolle. Drogen und Verhaltensweisen gewinnen immer mehr Platz im Leben und Dasein, nehmen Wollen, Denken und Handeln in Beschlag und beherrschen sein Wesen schließlich ganz. Die Kräfteverhältnisse haben sich umgekehrt: Der süchtig gewordene Mensch kann nicht mehr agieren, sondern nur noch reagieren. Er wird getrieben vom Verlangen nach Drogen oder Lust bringendem Verhalten, von der Gier nach dem, was ihn süchtig macht. Er wird beherrscht vom Kampf gegen immer stärker werdende Entzugserscheinungen, von Unruhe und Nervosität, von Angst und Verzweiflung, von Agitiertheit und Panikgefühlen. Der frühere Drang, etwas zu trinken, zu tun oder zu schnupfen, ist zu einem unwiderstehlichen Zwang, zu einem alles beherrschenden, das Verhalten einengenden und bestimmenden Trieb geworden. Der süchtig gewordene Mensch kann seinen Umgang mit Rauschmitteln oder berauschendem Verhalten nicht mehr selbst bestimmen und steuern, er ist eindeutig der Schwächere, er unterliegt den Gesetzen der Sucht.

Alle drei Beispiele demonstrieren uns mehr als alle Hypothesen und Definitionen das Wesen der Sucht oder, besser gesagt, ein Hauptzeichen jeglichen süchtigen Verhaltens. Dieses liegt nicht in den noch zu erörternden klassischen Symptomen wie Dosissteigerung und Auftreten von Entzugserscheinungen, nicht in den schädlichen Folgen und auch nicht im Kontrollverlust. Das Wesen der Sucht ist die Dominanz, die irgendein Gefühlszustand oder ein Verhalten in unserem Leben bekommt. Alles andere scheint unwichtig, alle übrigen Bedürfnisse und Verpflichtungen werden nachgeordnet. Substanzen und Eigenschaften, die wir normalerweise beherrschen, entgleiten unserer Kontrolle und werden lebensbestimmend. Ein Verlangen wird zum unwiderstehlichen Impuls, ein Drang zum Zwang, eine Lust zur Sucht. Der ehemals Agierende ist nur Reagierender, er ist nicht mehr Herr oder Frau im eigenen Haus, er ist hilflos und abhängig. Der Briefträger, der seinen Dienst nicht nach Vorschrift oder Plan, sondern nach dem Diktat seines Alkoholspiegels erledigt; die Hausbesitzerin, die nicht mehr der Sauberkeit halber putzt und ihre ganze Daseinsberechtigung aus dem perfekten Reinemachen bezieht; der Kokainist, der ohne seine Droge in Panik verfällt und völlig steuerungsunfähig geworden ist: Sie alle sind abhängig geworden, sie haben das höchste Gut des Menschen – die Freiheit – verloren.

Das Wesen der Sucht

Ein bedeutsamer Mann – zumindest bei Frau und Kindern galt er als großer Manager – hatte die Alkoholkultur, das Trinken mit Geschäftsfreunden und das Feiern von erfolgreichen Abschlüssen etwas übertrieben und sich an einen regelmäßigen Konsum gewöhnt. Er brauchte Alkohol vor Konferenzen, er benötigte ihn vor wichtigen Reden, er trank ihn bald bei jedem geringfügigen und schließlich ohne irgendeinen Anlass. Die morgendliche Übelkeit besänftigte er mit einem klaren Schnaps, das aufkommende Zittern mit Rotwein, den übermäßigen Durst mit Bier. Anfangs hatte er nur mit Geschäftsfreunden und bei besonderen Anlässen getrunken, dann vermehrt am Wochenende, bald an jedem Feierabend, später auch zum Mittagessen und zwischendurch, schließlich bereits am Morgen. Er brachte es, wenn er ehrlich war, jeden Tag auf drei Liter Wein und fünf oder sechs Schnäpse.

Unbemerkt hatte er sich im Wesen verändert, war unkonzentriert und vergesslich geworden, reagierte gegenüber Mitarbeitern schroff und verlor bei Problemen leicht die Fassung. Wie bei so vielen machtvollen Persönlichkeiten, getraute sich niemand, ihn auf sein immer deutlicher werdendes Alkoholproblem und auf die Veränderungen seines Verhaltens anzusprechen. Trotz größter Bemühungen, das heißt immer stärkeren Alkoholkonsums, gelang es ihm immer weniger, die Entzugssymptome zu unterdrücken. Als besonders lästig erwies sich das zunehmende Zittern, welches am Morgen so stark ausgeprägt war, dass er ohne Alkohol keine zügige Unterschrift mehr leisten und keine Tasse Kaffee halten konnte. Der Tremor erfasste nach Fingern und Händen auch Kopf und Körper und ließ sich trotz zusätzlich eingenommener Beruhigungsmittel nicht mehr verbergen. Die Aufwachphase des neuen Tages war ein einziges Zittern, sodass er es nicht mehr schaffte, einen Beruhigungskognak zu trinken, ohne den Inhalt des Glases zu verschütten.

Findig, wie Suchtkranke stets sind, wusste sich der Mann zu helfen: Er stellte am Abend nach dem letzten doppelten Schnaps ein großes Bierglas, gefüllt mit einer Spirituose, auf sein Nachtkästchen und knotete an diesem mit alkoholberuhigter Hand ein Handtuch fest. In der Früh kniete er sich in seiner ganzen durch den nächtlichen Entzug ausgelösten Zittrigkeit vor das Nachtkästchen, legte mit einer Hand das Handtuch um seinen Hals, presste mit der anderen – zittrig, aber immerhin – das Schnaps- Bierglas auf dem Untergrund fest, öffnete den Mund und musste nur mehr ziehen. Die Schnapskaskade, die sich mehr oder weniger vollständig in seinen Mund ergoss, beruhigte ihn so weit, dass er die Krawatte binden, die Mitarbeiter forsch zurechtweisen und leserliche Unterschriften leisten konnte.

Das eigentliche Wesen der Sucht liegt, wie ausgeführt wurde, in der Dominanz und Übermacht von Suchtmittel und Suchtverhalten sowie im damit einhergehenden Autonomieverlust des konsumierenden Individuums. Zur Sucht gehören aber noch drei weitere charakteristische Elemente, die in jeder Definition genannt werden: die Notwendigkeit der Dosissteigerung mit Entwicklung einer Toleranz, das Auftreten von Entzugserscheinungen, wie sich dies im angeführten Fall so eindrucksvoll gezeigt hat, und der sogenannte Kontrollverlust.

Dosissteigerung oder nicht genug kriegen können

Ein Süchtiger braucht immer mehr von dem, was ihn befriedigt oder berauscht. Während bei einer Gewohnheit irgendwann eine bestimmte Dosis erreicht ist und dann beibehalten wird, gibt es bei der Sucht nach oben praktisch kein Ende. Der tägliche Kaffeekonsum beschränkt sich vielleicht auf fünf bis sechs Tassen, bei denen es kontinuierlich bleibt. Die tägliche Zigarettenzahl hat sich beim Raucher auf einem bestimmten Level eingependelt und wird über Jahre hinweg kaum mehr überschritten. Alkoholiker und Spielsüchtige benötigen aber immer mehr. Die erwünschte Wirkung wird nur erreicht, wenn die konsumierte oder eingesetzte Menge gesteigert und die Frequenz des süchtigen Handelns erhöht wird. Der später Alkoholabhängige hat auch irgendwann einmal mit einem Bier oder einem Achtelliter Wein begonnen. Am Höhepunkt seiner Krankheit braucht er dann vielleicht 30 Flaschen Bier oder vier Liter Wein, um sich zu beruhigen, um überhaupt eine Wirkung zu spüren und um die Entzugserscheinungen unterdrücken zu können. Er hört mit der Zufuhr des Rauschmittels erst auf, wenn er im wahrsten Sinne des Wortes nicht mehr kann. Beim Spielen steigen die ursprünglich kleinen Einsätze ins Unermessliche, nur noch Höchstsummen bringen Kitzel und Spannung, alles darunter wirkt uninteressant und langweilig.

Der Süchtige entwickelt Toleranz, das heißt, die ursprüngliche Dosis muss gesteigert werden, um noch eine spürbare Wirkung herbeizuführen. Bei süchtiger Einnahme von Drogen gewinnt der Organismus allmählich die Fähigkeit, die giftig wirkenden Substanzen zu verarbeiten und selbst bei Dosen, die für ungewöhnte Personen tödlich wären, noch normal zu reagieren.

Eine junge heroinabhängige Mutter benötigte in den Wochen vor ihrer Verhaftung alle 30 Minuten einen Schuss. Sie brachte es auf Tagesdosen von bis zu fünf Gramm, brauchte somit das Hundertfache der für eine nicht gewöhnte Person tödlichen Dosis! Man halte sich den Stress vor Augen, unter welchem die Frau gestanden hat: Sie musste den Stoff besorgen, um noch irgendwie zu funktionieren und sich um die Kinder kümmern zu können. Schon beim Absetzen der Nadel spürte sie die Angst vor der nachlassenden Wirkung und machte sich Gedanken, wie sie erneut an Stoff herankommen könnte. Als alle Venen verhärtet und verstopft waren, stach sie die Injektionsnadel blind in die Leistengegend oder in die Halsregion, in der Hoffnung, ein großes Gefäß zu treffen.

Ein computersüchtiger junger Mann spielte am Höhepunkt seiner Störung 74 Stunden durch, ehe er kollabierte.

Der Gewöhnungseffekt oder Toleranzerwerb nimmt so lange zu, bis die für die Verarbeitung der Drogen zuständigen

Organe Schaden leiden, die gesteigerten Giftmengen nicht mehr bewältigen können und allmählich versagen. Dies hat einen als Toleranzknick oder Toleranzbruch bezeichneten Effekt zur Folge, den wir bei einem fortgeschrittenen Alkoholiker gut beobachten können: Er ist jetzt bereits nach ein oder zwei Bier deutlich betrunken.

Für Dosissteigerung und Toleranzentwicklung gibt es eine Reihe von biologischen Erklärungen. Man geht davon aus, dass das Gehirn als autoregulatives Organ versucht, ein Gleichgewicht aufrechtzuerhalten. Entscheidend für Entstehung und Fortschreiten des Suchtprozesses ist wohl die zunehmende Empfindlichkeit des hirneigenen Verstärkersystems durch wiederholte Berauschungen. Noch nicht durchschaut sind die psychologischen Ursachen des Nicht-genug-Kriegens und des Nicht-aufhören-Könnens.

Die Qual der Entzugssymptome

Entzugssymptome sind Ausdruck, dass viele körperliche und psychischen Funktionen durch die Drogen ins Ungleichgewicht geraten sind. Sowohl der somatische als auch der seelische Organismus stellen sich durch den Dauerkonsum der Drogen auf ein anderes Niveau ein. Lässt deren Wirkung nach, beispielsweise ihr beruhigender Effekt, treten Gegenregulationen in Form von Unruhe, Nervosität und Zittern auf. Das Spektrum der Entzugssymptome stellt gleichsam das Gegenteil der Drogenwirkung dar. Wenn eine Droge zu euphorischer Stimmung führt, äußert sich der Entzug durch Depression. Der Schlaf anstoßende Effekt eines Beruhigungsmittels wandelt sich in hartnäckige Schlaflosigkeit, die Entspannung mündet in Nervosität, die gleichgültige Ruhe geht in permanente Gereiztheit über.

Man unterscheidet zwischen körperlichen und psychischen Entzugssymptomen. Erstere werden nur bei der Gewöhnung an Drogen, letztere sowohl bei substanzgebundenen als auch bei verhaltensbezogenen Süchten manifest. Manche Drogen rufen lediglich körperliche Abstinenzsymptome hervor, andere körperliche und psychische, die dritte Gruppe, zu der etwa Cannabis und LSD gehören, bloß psychische. Man hat deswegen oft daran gezweifelt, ob diese Rauschmittel auch eine Sucht hervorrufen können.

Entzugserscheinungen können äußerst quälend sein. Sie beginnen in der Regel mit dem Ausklingen der Drogenwirkung, erreichen nach drei bis zehn Tagen ihren Höhepunkt, halten gewöhnlich über Tage, manchmal auch über Wochen und Monate an und ebben dann allmählich ab. Sie sind eine der Hauptursachen des Teufelskreises der Sucht. Sobald der Süchtige unter Entzugserscheinungen leidet, nimmt er die Droge nicht mehr nur aus dem ursprünglichen Motiv, aus Lust oder Flucht, sondern zur Unterdrückung der Entzugserscheinungen. Sein Empfinden ist darauf ausgerichtet, den Entzug zu vermeiden, er vertreibt mit der Droge aufkommende Entzugserscheinungen und immer öfter auch die Angst vor diesen. Er nimmt die Droge in stets höherer Dosierung gleichsam zur Vorsorge, sein Fühlen und Handeln sind jetzt ganz auf das Anstreben eines Rauscheffektes und auf das Vermeiden von Entzugssymptomen programmiert. Dadurch gerät er tiefer und tiefer in den Sog der Sucht, sein Leben spielt sich zwischen Rausch und Entzug, zwischen Angst vor der Abstinenzqual und panischer Suchtmitteleinnahme ab. Entzugssymptome äußern sich nicht immer derart drastisch, wie wir das vom Bild eines Opiatabhängigen, welcher von Schmerzen gepeinigt und von Kälte-Hitze-Schauern geschüttelt wird, kennen. Oft manifestieren sie sich in Nervosität, in Verstimmungszuständen, in schlechter Laune und gereiztem Agieren. Stellen Sie sich vor, Sie kommen am Abend nach Hause und wollen sich vor den Fernseher setzen und den Tag so in gewohnter Weise ausklingen lassen. Wie reagieren Sie, wenn das Gerät kaputt ist? Sie klagen über Langeweile, stellen ungefragt fest, dass in diesem Haus nichts los sei und eine ganz miese Stimmung herrsche. Sie verhalten sich unfreundlich und abweisend und sind alles andere als ausgeglichen. Das alles änderte sich schlagartig, wenn das Gerät wieder funktionierte. Der Entzug wäre dann zu Ende. Aber halt – die Geschichte ist völlig falsch: Wie jeder erfahrene Süchtige haben Sie vorgesorgt und für das Kinderzimmer ein Zweit- oder gar Drittgerät angeschafft. So werden Sie nie erfahren, wie sich das Fernseh-Entzugssyndrom anfühlt.

Im Zentrum jeglichen Entzugs steht das Verlangen nach der Droge oder nach dem süchtigen Verhalten, das sogenannte *Craving*. Dieses kann äußerst quälenden Charakter annehmen und mit seelischen, manchmal sogar mit körperlichen Schmerzen verbunden sein. Das Verlangen nach der Suchtwirkung hat sich in einen immer schwerer beherrschbaren Drang und letztlich in einen nicht einzudämmenden Zwang verwandelt. Dieser wird so stark, dass der Süchtige Drogen einnehmen muss, dass er sein Bedürfnis nicht aufschieben und nicht verlagern kann, dass er nur noch eines im Kopf hat: den nächsten Schluck, einen unmittelbaren Schuss, eine schnelle Line, eine rollende Kugel oder das Angebot eines Großkaufhauses.

Ein junger Touristiker, Erbe eines großen Hotels, mit Alkohol einschlägig erfahren, an Cannabis und Kokain gewöhnt und nach Heroin süchtig, hat mir das überwältigende Verlangen, die Gier, wie folgt geschildert: »Wenn ich voll auf Entzug war, habe ich die Schränke, in die die Eltern Spirituosenflaschen eingesperrt haben, aufgebrochen. Für eine Line Kokain hätte ich sofort meine Freundin, die ich sehr mag, hergegeben. Am Höhepunkt des Heroinentzugs hätte ich nicht gezögert, meine sonst über alles geliebte Mutter niederzuschlagen, wenn sie sich zwischen mich und die Spritze gestellt hätte.« Das ist *Craving*, das ist Entzug, das ist die andere, hässliche Seite der Droge.

Als junger Arzt habe ich den Vortrag eines international bekannten Suchtexperten gehört. Der junge Forscher bestach durch scharfe Analysen, originelle Gedanken und perfekte Rhetorik. 28 Jahre später, als ich mich für eines seiner gefragten Psychotherapie-Seminare anmeldete, sah ich ihn wieder. Sofort fiel mir auf, dass der Seminarleiter nicht nur ungepflegt und äußerlich vernachlässigt wirkte, sondern im Gegensatz zu früher in seinen Überlegungen langweilig und in seinen Ausführungen weitschweifig blieb. Wiederholt entschuldigte er sich mitten in seinem Vortrag wegen eines dringenden Anrufes, den er mit wichtigen Patienten in den USA oder in

Dubai tätigen müsste. Als er unter diesem Vorwand wieder abrupt den Seminarraum verließ, folgte ich ihm. Ich konnte beobachten, wie der Mann zielstrebig in die Garderobe eilte und in die Manteltasche griff. Er entnahm dieser aber nicht ein Handy, sondern einen Flachmann, aus dem er einen langen, intensiven und – wie mir schien – zufriedenen Schluck nahm.

Bei den Patienten eines Suchtkrankenhauses äußert sich der psychische Entzug nicht selten in Langeweile, Leeregefühl und Unzufriedenheit. Gerade diejenigen, die am heftigsten um einen Therapieplatz gekämpft und sich mit der obligaten Wartezeit nie abgefunden haben und – ganz dem Prinzip »Im Hier und Jetzt muss ich alles ändern« folgend – eine sofortige Aufnahme erkämpft haben, tragen sich nach erfolgreicher körperlicher Entgiftung oft mit dem Gedanken an Therapieabbruch. Wenn sie gefragt werden, weshalb sie ihren Vorsatz so rasch vergessen und die Pläne in kurzer Zeit umgestoßen haben, lautet die klassische Antwort: »Herr Doktor, ich leide an solchem Heimweh«, worauf die therapeutische Erwiderung zwangsläufig lauten muss: »Heimweh ja, aber nicht nach Hause, sondern nach der Droge …«

Kontrollverlust oder nicht aufhören können

Normale, selbst nicht süchtige Konsumenten können es kaum begreifen: dass jemand trotz des festen Vorsatzes, nur um 50 Euro zu spielen, wieder ein halbes Vermögen verzockt, dass die Lust auf ein Bier in einem tagelangen Besäufnis endet oder der Wunsch nach einem Sexualkontakt zu einer sadistischen Orgie führt. Es ist der Kontrollverlust, der das süchtige Verhalten zur Krankheit macht und für den Gesunden nie nachvollziehbar bleibt.

Dieser *Loss of Control* verunmöglicht es dem Süchtigen, sein Trink- oder Konsumverhalten zu steuern, die Dosis frei zu bestimmen und das süchtige Verhalten rechtzeitig zu stoppen. Der Alkoholiker muss trotz anderer Vorsätze bis zur Bewusstlosigkeit weitertrinken, der Spieler muss bis zum Verlust des letzten verfügbaren Pennys weiterspielen, der Esssüchtige kann seine Fressorgien nicht mehr im Zaum halten. Der Kontrollverlust macht den Betroffenen ohnmächtig und liefert ihn ganz und gar dem Suchtprozess aus. Es geht nicht um das bewusste Überschreiten von Grenzen, um das gezielte Ausleben von sonst kontrollierten Bedürfnissen oder das Brechen eines Vorsatzes. Vielmehr tritt der Kontrollverlust gegen das feste Vorhaben und gegen die eigene Vernunft ein.

Sehnsüchtig wartete eine Frau, bis ihr Gatte in der Früh das Haus verließ. Jetzt konnte sie die in der Waschmaschine versteckte Weinflasche – dort hätte sie ihr Mann ganz sicher nicht gesucht – herausholen und endlich trinken, trinken, trinken. Sie hatte sich fest vorgenommen, die Menge zu bemessen und die Flasche nur bis zum oberen Rand des Etiketts zu leeren. Mittags, als der Mann nach Hause kam, war die Frau sturzbetrunken, die eine Flasche leer und zwei weitere dazu.

Ein Spielsüchtiger, der sich in allen Casinos hatte sperren lassen, verschaffte sich mit falschem Pass Zutritt und war dazu entschlossen, noch einmal zu spielen, allerdings nur um 500 Euro. Mehr hatte er an Bargeld gar nicht mitgenommen. Das Abenteuer endete im Verlust seiner Uhr, seines Diamantringes und seines Autos.

Der Süchtige büßt mit dem Kontrollverlust die Fähigkeit ein, seinen Konsum oder sein Verhalten willentlich zu lenken und aus eigener Kraft zu beenden. Exzesse und schwere Berauschung überrollen ihn geradezu lawinenartig. Oft wird die bis dahin vielleicht verborgene Sucht durch das unkontrollierte Verhalten erstmals richtig manifest und führt zu sozialen Konflikten.

Die Mechanismen des Kontrollverlustes konnten bis heute trotz intensiver Forschung nicht geklärt werden. Die wissenschaftlichen Untersuchungen gehen aber von neurobiologischen Programmierungen und nicht von psychischen Konditionierungen aus. Sobald diese fixiert sind, bewirken suchtassoziierte Reize, etwa die Atmosphäre einer Spielbank oder das Wärmegefühl nach einer Heroininjektion, eine vermehrte Freisetzung des Glückshormons Dopamin, was zu einem gesteigerten Suchtverlangen führt. Durch diese Sensibilisierung werden jene Reize, die mit dem Suchtverhalten und Suchtmittelkonsum in Verbindung stehen, attraktiver. Gerät ein entwöhnter Suchtpatient in eine Situation, in der er früher regelmäßig getrunken, gespielt oder gekauft hat, kommt es zu einer Verstärkung der Botenstoffe im Belohnungssystem, was sich als Suchtverlangen und Kontrollverminderung zeigt. Die moderne pharmakologische Forschung bemüht sich deshalb, bei Substanzabhängigen die Wirkung der Droge auf die

Opiatrezeptoren abzublocken und dadurch beispielsweise das Alkoholverlangen und die Trinklust zu reduzieren. Ob es damit aber jemals gelingt, das sogenannte »Suchtgedächtnis« zu löschen, ist fraglich.

Sucht und Seuche, Abhängigkeit und Siechwerden

Was bezeichnet man eigentlich als Sucht, und was versteht man unter süchtigem Verhalten? Nicht jede Gewohnheit, jede Leidenschaft und Marotte oder jedes intensiv betriebene Hobby ist eine Sucht. Genauso wenig kann man die meisten Menschen, die Alkohol trinken oder Lotto spielen, gleich als Abhängige bezeichnen. Sucht geht weit über das Gewohnheitsmäßige und Leidenschaftliche hinaus, sie stellt eine schwerwiegende Störung dar, die durch ganz bestimmte Merkmale charakterisiert wird und einen eigendynamischen Verlauf nimmt. Sie ist ein mehr passives, begieriges und zwanghaftes Verhalten, welches durch fehlende Fähigkeiten zur freien Entscheidung geprägt wird. Der Süchtige ist an ein schädliches Bedürfnis gebunden, die Sucht kann auf Dauer die Funktion einer selbstaggressiven Handlung, eines Suizidersatzes bekommen.

Den Ausdruck »Sucht« verwenden wir in unserer Alltagssprache sehr oft und sehr vielfältig. Wir sprechen von Alkohol- und Arbeitssucht, von Ess-, Fress- und Hungersucht, von Genuss- und Gewinnsucht, von Fernseh-, Computer- und Internetsucht oder von Vergnügungs- und Verschwendungssucht. Die Worte Macht- und Prahlsucht sind uns ebenso geläufig wie die Begriffe Eifersucht und Tobsucht. Neben den klassischen Süchten wie Kokain-, Morphin- und Medikamentensucht kennen wir zahlreiche Krankheiten, die man mit dem Wort »Sucht« bezeichnet. Denken wir an die Gelb- und Schwarzsucht oder an die Fall- und Wassersucht. Angesichts der häufigen Verwendung des Wortes »Sucht« wird oft über eine Inflation des Begriffes geklagt, die dazu führe, dass man die Sucht als Krankheit nicht mehr ernst nehme und zwischen dem häufigen Genuss von Schokolade und dem Spritzen von Heroin kaum mehr unterscheide. Mit der Bezeichnung »Sucht« wird – einzige Ausnahme bildet die Sehnsucht – ein Laster, eine Krankheit oder eine ungünstige Charaktereigenschaft gemeint. Wir sind mit dem Begriff jedenfalls rasch zur Hand und besetzen ihn meist nicht positiv. Sucht kann man ganz allgemein als ein Verhalten interpretieren, welches durch wachsendes Verlangen und unwiderstehlich werdenden Zwang nach einem bestimmten Erlebnis- und Gefühlszustand geprägt ist. Im medizinischen Bereich spricht man von Sucht in der Regel aber erst beim Auftreten von körperlichen, psychischen oder sozialen Störungen.

Nicht nur unser Leben bestimmen süchtige Verhaltensweisen, sondern auch unsere Sprache ist voll vom Ausdruck »Sucht«. Greifen wir wahllos die **A**benteuer- und **A**mphetaminsucht heraus und setzen dann alphabetisch fort:

Beziehungssucht (in alten Büchern sind auch noch die **B**et- und die **B**ettsucht erwähnt), **C**annabissucht, **D**rogensucht, **E**sssucht, **F**ettsucht (was die von H. Höfler im Jahr 1594 beschriebene **F**ranzosensucht ist, weiß ich bis heute nicht, klingt aber schlüpfrig), **G**eltungssucht (hoffentlich werden Sie nicht gerade von der **G**ähnsucht heimgesucht!), **H**absucht, **I**chsucht, **J**ugendsucht, **K**ritiksucht (nicht nur beim anderen Geschlecht anzutreffen), **L**SD-Sucht, **M**orphinsucht (**M**ond- und **M**ordsucht sind noch abenteuerlicher), **N**aschsucht, **O**nlinesucht, **P**runksucht, **Q**uälsucht (damit meint man wohl den Sadismus), **R**otsucht, **S**ammelsucht, **S**pielsucht, **S**treitsucht, **S**chwindsucht, **T**herapiesucht (**T**anzsucht ist für mich ein Gräuel), **U**rlaubssucht (zugegeben, ein etwas gekünstelter Ausdruck, aber die **U**rsucht kann ich ja nicht anführen, da es sich um einen Terminus technicus handelt), **V**ergnügungssucht, **W**andersucht, **X**anorsucht (ein Beruhigungsmedikament), **Y**ohimbinsucht (angeblich etwas, das die Lust anregt, und ein Potenzmittel) und **Z**weifelsucht.

Ihnen fallen sicher noch Dutzende andere Beispiele ein! Die verwirrende Vielfalt der Süchte und süchtigen Verhaltensweisen macht eine Besinnung auf die sprachlichen Wurzeln, eine grobe systematische Einteilung der Süchte und eine etwas exaktere Beschreibung von Sucht und Süchtigkeit erforderlich. Versuchen wir deshalb, ein bisschen Ordnung und Systematik in diesen »Suchtsalat« hineinzubringen.

Der mehrdeutige und schwer zu definierende Begriff der Sucht stammt vom germanischen Wort *suhti* sowie vom mittelhochdeutschen *suht* und ist in seiner Wurzel verwandt mit »Siechen« und »Seuche«. Trotz des ähnlichen Klanges hat Sucht etymologisch nichts mit Suche zu tun, wiewohl das Modell vom suchenden Süchtigen dessen Motivation zum Konsum von Drogen oder zum hingebungsvollen Ausüben bestimmter Verhaltensweisen am besten erfassen kann. Tatsächlich ist der Suchtprozess in vielerlei Hinsicht ein Siechsein und erfüllt alle Kriterien einer Krankheit. Er führt zu Störungen und Schäden im körperlichen, psychischen und sozialen Bereich und trifft damit sämtliche Dimensionen des Krankseins: den Körper, der durch die toxische Wirkung von Drogen oder durch Erschöpfung infolge exzessiven Verhaltens geschädigt wird; die Psyche, welche durch Schwächung der kognitiven Funktionen und Veränderung der Emotionalität ihr »Wesen« ändert; schließlich das soziale Leben, das durch Probleme in Partnerschaft und Familie, durch Nachlassen der beruflichen Leistung, durch Vernachlässigung der zwischenmenschlichen Beziehungen und letztlich durch äußere Isolation und innere Vereinsamung geprägt wird.

Sucht hat zweifelsohne auch seuchenartigen Charakter. Betrachtet man die Verbreitung des Kokains in Pariser Künstlerkreisen am Ende des 19. Jahrhunderts oder den LSD- und Cannabiskonsum in der Hippiezeit, so wird unwillkürlich an eine »Ansteckung« gedacht. Diese hat nichts mit der üblichen Verbreitung einer Seuche, mit Kontamination und Übertragung zu tun, sondern wohl mit ähnlichen soziokulturellen Bedingungen der Konsumenten, mit Nachahmung und Identifizierung, mit gleicher Ideologie und – wenn man so will – mit Mode und Zeitgeist. Ähnliche Überlegungen lassen sich wohl bezüglich der diversen Drogentrends, des rauschorientierten Trinkstils der Jugendlichen oder diverser Verhaltenssüchte anstellen.

Da der Begriff der Sucht sehr missverständlich, unscharf sowie unspezifisch ist und – wie angeführt – auch für schlechte Eigenschaften oder Krankheiten verwendet wird, wurde er bezüglich stoffgebundener Süchte von der Weltgesundheitsorganisation WHO im Jahr 1963 durch jenen der *Abhängigkeit* ersetzt und durch verschiedene Kriterien definiert. Dazu gehören der übermächtige Wunsch, ja der Zwang, berauschende Substanzen zu konsumieren, sowie die verminderte Kontrollfähigkeit bezüglich des Beginns, der Beendigung und der Menge des Konsums. Abhängigkeit ist mit Toleranzentwicklung verbunden, das heißt, dass sich nur noch mit stets höheren Dosen ein Rauscheffekt erzielen lässt. Bei Beendigung oder Reduktion der Drogeneinnahme oder des jeweiligen Verhaltens treten Entzugserscheinungen auf. Der Abhängigkeitsprozess führt zu fortschreitender Vernachlässigung anderer Vergnügen oder Interessen zugunsten des Drogenkonsums oder des süchtigen Verhaltens. Schließlich wird in der WHO-Definition betont, dass der abhängig gewordene Mensch die Suchtmitteleinnahme oder das süchtige Verhalten selbst bei Nachweis eindeutig schädlicher Folgen nicht beenden kann. All diese Kriterien haben wir in den Beispielen des letzten Kapitels gefunden.

Dem Störungsbild der Abhängigkeit wird jenes des *Missbrauchs* oder *schädlichen Gebrauchs* gegenübergestellt, worunter man einen zur Gesundheitsschädigung führenden Konsum von Suchtmitteln versteht, der aber noch keine Abhängigkeit im obigen Sinne zur Folge hat. Die Suchtmitteleinnahme erfolgt ohne medizinische Notwendigkeit oder in einer Weise, die qualitativ und quantitativ über das übliche Ausmaß hinausgeht. Wenn ein sonst nicht süchtiger Mensch beispielsweise weit über seinen Durst trinkt oder Schlafmittel ohne zwingende Notwendigkeit eingesetzt werden, wenn bei einem kleinen Wehwehchen zu morphinhaltigen Schmerzmitteln gegriffen oder ein Beruhigungsmittel nach dem ursprünglichen Anlass noch über Tage weiter genommen wird, läge ein solch schädlicher Gebrauch vor.

Abhängigkeiten können sich auf eine oder mehrere Substanzen beziehen oder auch unterschiedliche Verhaltensweisen betreffen. Oft sind Menschen alkohol- und medikamentensüchtig, häufig abhängig von einer ganzen Palette von Drogen. Nicht selten werden verschiedene Mittel zur Steigerung des psychischen Effektes oder zur Behebung der Nebenwirkungen der Hauptdroge eingesetzt. Viele Drogensüchtige versuchen etwa, die Wirkung der Opiate durch zusätzliche Einnahme von Beruhigungsmedikamenten zu potenzieren. Manche bezeichnen den charakteristischen Wirkungsablauf von gemeinsam konsumiertem Kokain und Heroin als Höhepunkt. Wieder andere setzen gegen die aufkommenden Entzugserscheinungen Alkohol ein, sodass sie aus dem Teufelskreis der Sucht nicht mehr herauskommen. Sie müssen ihr Befinden durchgehend mit Drogen regulieren, können ohne diese nicht mehr gelöst oder fröhlich sein, finden ohne Suchtmittel keinen Schlaf und keine Motivation, sind im Prinzip nur noch chemisch steuerbare Wesen. Man spricht dann von *Polytoxikomanie*, einer gleichsam manischen Einnahme von vielen Giften.

Oft kommt es bei Menschen zu *Suchtverschiebungen*, das bedeutet, sie haben einmal eine süchtige Grundhaltung entwickelt, die dann als Basisstörung mit austauschbaren Drogen oder Verhaltensweisen weiter besteht. In der Suchtklinik begegnet man immer wieder Alkoholabhängigen in mittlerem

Alter, welche als Jugendliche schon zur Drogenentzug hier waren. Manch Alkoholiker lernt im Lauf der Therapie Entzugsmedikamente kennen und deren Wirkung so sehr zu schätzen, dass er sie immer wieder nimmt, sich an sie gewöhnt und schließlich danach süchtig wird. Eine schwer medikamentenabhängige Frau hat diese Sucht mit großer Mühe überwunden, ist dann aber einer schweren Ess-Brech-Sucht verfallen. Die Eigengesetze der Sucht mit rauschhaften Essanfällen, Verlust der Kontrolle über die gegessene Menge, Unlustgefühlen außerhalb der Essenszeiten und kompensatorischem Erbrechen sind geblieben, geändert hat sich nur der Bereich der Süchtigkeit.

Ein tragischer Fall begann damit, dass mir der Mann seine Geschichte erzählte. Eine seiner ersten Lebenserinnerungen bezieht sich auf den Besuch des Weihnachtsmarkts. Von seinem Vater hatte er ein wenig Geld zum Kauf von Zuckerwatte und Türkischem Honig erhalten. Er lief damit aber zu einem anderen Stand, von dem er sich wie magisch angezogen fühlte. Dort konnte man kleine Wetten über Geschicklichkeitsspiele abschließen. Er verspielte das ganze Geld. Später besuchte er Casinos, verlor sein gesamtes Vermögen und verschuldete sich hoch. In seiner aussichtslosen finanziellen Lage sprach er dem Alkohol zu, trank von Anfang an exzessiv und erlebte im Alkoholrausch ähnliche Größen- und Überlegenheitsgefühle wie am Spieltisch. Nur der nachfolgende körperliche Entzug war noch unangenehmer. Nach erfolgreicher Entwöhnungskur lebte er über einige Jahre stabil und hielt sowohl die Alkohol- als auch die Spielabstinenz strikt ein. Um mit seiner Flugangst fertig zu werden, griff er zu einem vom Hausarzt für die Reise verordneten Beruhigungsmittel, hatte schon am Zielort die ganze Packung aufgebraucht und sich im entspannt-benommenen Zustand dazu hinreißen lassen, wieder zu spielen. Da er inzwischen eine größere Erbschaft gemacht hatte, stand ihm ein gewisses Kapital zur Verfügung, das er innerhalb weniger Tage wieder verzockte. Trotz bester Vorsätze, nur mit beschränkten finanziellen Mitteln ins Casino zu gehen, die Kreditkarte zu Hause zu lassen und keine Schulden zu machen, sollten sich die alten Gesetze der Sucht wieder erfüllen: Der Mann hatte die Kontrolle über die Spielfreude verloren, er musste die Dosis – sprich: den finanziellen Einsatz – ein ums andere Mal steigern, erhöhte die Frequenz des süchtigen Verhaltens, also den Besuch der Spielstätten, war seiner Gier nach Gewinn hilflos ausgeliefert – dies bis zum bitteren Ende. In seiner Verzweiflung suchte er wieder Trost bei Alkohol und Medikamenten, der Kreislauf des Süchtigseins setzte sich unerbittlich fort. Sozial abgestiegen und völlig vereinsamt nahm sich der Mann schließlich das Leben.

Sucht: Lust oder Frust?

Aus den unzähligen Süchten und süchtigen Verhaltensweisen, mit denen Menschen zu kämpfen haben, lassen sich vier verschiedene Gruppen bilden:

Da sind zunächst die klassischen Süchte nach Alkohol, Drogen oder Medikamenten, welche man heute als *stoffgebundene Abhängigkeiten* bezeichnet. Ihr gemeinsames Kennzeichen ist neben den üblichen Symptomen der Abhängigkeit das Auftreten eines körperlichen Entzugssyndroms bei Absetzversuchen, das heißt, bei unterbleibender oder zu niedrig dosierter Einnahme entwickelt der Substanzabhängige Symptome wie Zittern, Übelkeit, Schweißausbrüche und motorische Unruhe.

Die nicht stoffgebundenen Süchte beziehen sich nicht auf Rauschmittel oder Drogen, sondern auf menschliche Verhaltensweisen, welche süchtigen Charakter annehmen können, etwa Arbeiten, Kaufen, Sammeln oder Wandern, ferner Vergnügen und Sexualität. In neuerer Zeit fahren wir besonders auf Fernseher, Internet, Computerspiele oder Handy ab. Sie werden zusammenfassend als *Verhaltenssüchte* bezeichnet. Diese beinhalten alle Elemente einer Drogensucht, mit Ausnahme der körperlichen Schäden, der körperlichen Gewöhnung und des Auftretens eines somatischen Entzugssymptoms. Wohl aber kommt es bei Verhaltenssüchten, genauso wie bei Alkohol- und Kokainabhängigkeit, zum Verlust der Kontrolle, zu psychisch dominierten Entzugserscheinungen und zur Einengung der Lebensführung.

Wenn sich verschiedene Persönlichkeitszüge in süchtiger Weise zuspitzen und das Bild eines Menschen mehr und mehr prägen, können wir von *Charaktersüchten* sprechen. Mit den Ausdrücken Geltungs-, Kritik-, Streit-, Ich-, Selbst- oder Habsucht meint man einen alles beherrschenden Charakterzug, der die betroffene Persönlichkeit dominiert. Jeder von uns kennt Personen, die in geradezu süchtiger Weise egoistisch, geizig oder kränkbar sind, die den Sinn ihres Lebens in Selbstdarstellung oder im Erwerb von Besitz sehen. Was ist denn der Fanatismus anderes als das süchtige Verfolgen einer Idee? Und ist die Querulanz, die das soziale Zusammenleben oft so schwer macht, denn nicht eine suchtartige Rechthaberei?

In der vierten Gruppe, die mit unserem Verständnis eigentlich nichts zu tun hat, werden *Krankheiten* als Süchte bezeichnet, so die Gelb-, Rot- und Schwarzsucht, die Wasser- oder Fallsucht. Hier ist das Wort der Sucht im Sinne des Siechseins, teilweise auch in jenem der Seuche, der Infektionskrankheit, aber nicht als Störung mit Berauschung, Dosissteigerung und Kontrollverlust zu verstehen.

Wird der Begriff der Sucht breit verwendet, entdeckt wohl jeder an sich süchtige Anteile, besonders im Bereich des Verhaltens und der Eigenschaften. Der deutsche Suchtforscher Victor Emil Freiherr von Gebsattel (1883–1976) hat schon 1948 formuliert: »Jede Richtung menschlichen Interesses kann süchtig entarten.«

Das Wesen der Sucht sieht er im Erstreben und Erleben der Suchtsensation, des Rausches. Er erläutert dies am Beispiel der Spielsucht: »Was die Spielleidenschaft zur Sucht macht, ist die Einstellung auf die Sensation des Gewinnens oder Verlierens, hinter die das Interesse an faktischem Gewinnen und Verlieren weitgehend zurücktritt. Eine eigenartige Gleichgültigkeit gegen die Tatsache des Gewinnens, aber auch des Verlierens, bis zur Stumpfheit gegen entscheidende Einbußen des Vermögens charakterisiert die Spielfreude als Sucht.« So ist es wohl bei vielen Verhaltensweisen und Charaktereigenschaften.

Der Rausch: Entrückung und Verrückung

Nachdem wir uns die Hauptmerkmale der Sucht – die Dosissteigerung und die Entzugssymptome, den Kontrollverlust und die Dominanz des Suchtverhaltens – vor Augen geführt haben, fehlt uns noch ein ganz entscheidendes Element, nämlich der Rausch. Das Berauschtsein gehört zu jeglicher Form süchtigen Verhaltens und besitzt im Zusammenhang mit Rauschgift und Sucht einen ähnlichen Stellenwert wie der Orgasmus beim Geschlechtsverkehr. Der Rausch stellt den Kick dar, den Höhepunkt, den Gipfel des süchtigen Handelns. Er ist das, was der Süchtige anstrebt, was ihn lockt und was er sucht. Das Erleben von Rauschzuständen ist aber keinesfalls nur abhängigen Menschen möglich. Jeder von uns hat schon rauschartige Erlebnisse gehabt, sei es im Glücks- oder Geschwindigkeitsrausch, im Rausch der Höhe oder jenem der Sinne oder – die häufigste Form – nach überreichem Alkoholgenuss. Offensichtlich entspricht es einem tief verankerten menschlichen Bedürfnis, sein Bewusstsein zu verändern, der Realität zu entfliehen, für einige Stunden aus der Wirklichkeit herauszutreten und über den

Niederungen des Alltags zu schweben, kurz: sich zu entrücken.

Der Begriff des Rausches ist ähnlich vielfältig wie jener der Sucht, allerdings ist er positiver besetzt. Wir setzen ihn wie den Ausdruck Sucht nicht nur bei der Beschreibung von Drogenwirkungen, sondern auch bei überbordenden Verhaltensweisen ein. So sprechen wir vom Sex- und Blutrausch, vom Kauf- und Adrenalinrausch.

Berauschung hat sehr viel zu tun mit dem, was man als Ekstase bezeichnet, mit dem Aus-sich-Heraustreten. Es ist ein Zustand veränderter Wahrnehmung, eine Form besonders intensiven oder partiellen Erlebens. Rauschzustände lassen sich nicht nur durch psychoaktive Substanzen, sondern auch durch körpereigene Aktivitäten wie sportliche Betätigung oder manche Formen des Tanzes, auch durch die verschiedenen Formen der Meditation hervorrufen. Alle berauschenden Aktivitäten führen zu einer verstärkten Ausschüttung der körpereigenen Hormone Adrenalin und Endorphin, welche die biologische Grundlage des High-Seins bilden.

Wissenschaftlich beschreibt man den Rausch als jeden rasch vorübergehenden Zustand meist beglückender Erregung, welcher durch Erlebnisse, besondere Verhaltensweisen oder Drogen hervorgerufen wird. Psychiatrisch definieren wir den Rausch im Prinzip als vorübergehende Geisteskrankheit, die durch Veränderungen des Bewusstseins, des Erlebens, der Selbst- und Fremdwahrnehmung, der Emotionen und Affekte sowie des Kontrollvermögens gekennzeichnet ist. Tatsächlich unterscheidet sich der Rausch manchmal nicht von einer ernsten psychischen Erkrankung. Er führt ebenfalls zu Kritiklosigkeit und Euphorie, zu Impulsivität und psychomotorischen Störungen. Er ist mit Selbstüberschätzung und Reizbarkeit verbunden und hat oft eine bemerkenswerte Enthemmtheit, den Verlust jeglicher Selbstkontrolle zur Folge. Ein Rausch ist deshalb nie ganz ungefährlich, der Berauschte befindet sich immer auf dünnem Eis. Im Unterschied zu den echten Geisteskrankheiten dauert der Rausch aber nur wenige Stunden und klingt in kurzer Zeit, meist während eines nachfolgenden Schlafes, ab.

Wir können Rauschzustände quantitativ, folglich nach ihrer Schwere, oder qualitativ, also nach der Art der hervorgerufenen Gefühlszustände, unterscheiden. Beim Alkohol teilen wir die Räusche nach dem Schweregrad in leichte, mittlere und schwere, nach ihrer Qualität in komplizierte und pathologische ein.

Lassen Sie uns, eingedenk der letzten fröhlichen Zeche, die mit der Berauschung verbundenen Gefühle und Erlebnisse selbst nachvollziehen. Nach dem Begrüßungsschnaps war die Stimmung gelockert, die Kontaktaufnahme mit anderen Gästen erleichtert und das Redebedürfnis erhöht. Die leichte Berauschung, welche bei einem Blutalkoholspiegel von einem halben bis eineinhalb Promille vorliegt, führt meist zu heiterer Stimmung mit Redseligkeit und erhöhtem Selbstwertgefühl, zu steigendem Geltungsbedürfnis, ja zu Angeberei, aber auch zu Kritikminderung und Distanzverlust. Die vermehrte Risikobereitschaft erweist sich in Kombination mit der gleichzeitig eintretenden Selbstüberschätzung und Verschlechterung des Reaktionsvermögens als Hochrisikofaktor beim Lenken eines Kraftfahrzeuges. Die meisten schweren

Unfälle passieren ja nicht bei hohen Alkoholkonzentrationen, da starke Berauschungen nach außen hin erkennbar sind und dazu führen, dass die Mitmenschen den Berauschten davon abhalten, sich ans Steuer zu setzen. Verheerend ist hingegen der bei leichter bis mittlerer Berauschung bestehende Eindruck voller Leistungsfähigkeit, der im krassen Widerspruch zur objektiven Verfassung steht.

Trinken wir dann weiter, verändern sich Empfinden und Verhalten merklich. Die Selbstkritik nimmt weiter ab, das Geltungsbedürfnis steigt, die Selbstüberschätzung erreicht ein unrealistisches Ausmaß. Da das Denken emotional gesteuert und das Handeln vor allem von Impulsen beeinflusst wird, kommt es in diesem Zustand oft zu enthemmten Handlungen, zu Rempeleien und Schlägereien, manchmal sogar zu explosiven Reaktionen. Verbunden ist diese mittelstarke Berauschung mit motorischen Störungen, mit Koordinationsschwierigkeiten, mit dem berühmten schwankenden Gang und der lallenden Sprache.

Im schweren Rausch, der bei einer Blutalkoholkonzentration ab zweieinhalb Promille beginnt, gehen Überblick und Orientierung verloren. Der Berauschte wird misstrauisch, aggressiv und explosionsbereit. Er blickt in die Runde und fragt provokativ: »Will wer was von mir, hat wer was gesagt, wer tritt vor …?« Äußere Zeichen sind Gleichgewichts- und Gehstörungen sowie das immer undeutlicher werdende Sprechen. Bei noch stärkerer Alkoholisierung trübt das Bewusstsein ein, der Berauschte fällt immer wieder in Schlaf und verliert allmählich das Bewusstsein. Bei Blutalkoholkonzentrationen ab vier Promille muss mit dem Tod durch Atemlähmung gerechnet werden. Besonders gefährlich ist der Rausch bei tiefen Außentemperaturen, da der Betrunkene die durch die Gefäßerweiterung forcierte Wärmeabgabe nicht bemerkt und erfriert. Eindrucksvoll überliefert dies der folgende historische Bericht über Alexander den Großen, der zudem belegt, dass es Kampftrinken und Massenberauschungen nicht erst seit Kurzem gibt: »Als Alexander von einer Totenfeier zurückgekehrt war, lud er viele seiner Freunde und Offiziere zu einem Bankett ein und veranstaltete ein Wett-Trinken mit ungemischtem Wein, wobei er einen Kranz als Preis aussetzte. Derjenige, der am meisten trank, war Promachos, er brachte es auf zehn Liter. Er nahm den Siegespreis in Empfang, lebte aber nur noch drei Tage. Von den Übrigen, die am Wett-Trinken teilgenommen hatten, starben noch 41, weil während ihres Rausches starker Frost einsetzte.« (Nach Plutarch)

Räusche können aber auch atypisch, kompliziert oder pathologisch ausfallen. Bei solch seltenen Ereignissen, die häufig von Gewalttätern und Einbrechern als Entschuldigungsgründe angeführt werden und deshalb bei Strafprozessen eine überdimensional große Rolle spielen, provozieren bereits geringe Alkohol- oder Drogenmengen schwere psychische Veränderungen und grobe Verhaltensstörungen. Im Volksmund spricht man von »totalem Durchdrehen« oder von Dämmerzustand. Meist beginnt der pathologische Rausch schlagartig mit einer völlig unmotivierten aggressiven Handlung und ist mit Halluzinationen, Verfolgungsängsten und Verwirrtheit verbunden. Dabei scheinen die Menschen nach außen hin nahezu nüchtern.

Ein junger Arbeitsloser, der soeben das Lokal betreten und an der Theke allein ein Bier getrunken hatte, stand unvermittelt auf, holte sich in der Küche ein Messer und stach die ihm völlig unbekannte Bedienung von hinten nieder. Gegen die Festnahme wehrte er sich heftig, geriet in einen Tobsuchtsanfall und verletzte mehrere einschreitende Personen und Polizeibeamte. Er konnte erst durch den herbeigerufenen Notarzt mit einer Sedierungsspritze beruhigt werden. Danach war er außerstande, sich an sein Verhalten, für das es offenbar nicht das geringste Motiv gab, zu erinnern. Angesichts der ihm gemachten Vorwürfe zeigte er sich fassungslos – er konnte sein Verhalten selbst nicht begreifen. Da bei der Durchuntersuchung Veränderungen in seinem Hirnstrombild, dem EEG, gefunden wurden, musste von einem anfallsartigen Zustand, in dem der Täter nicht mehr zurechnungsfähig war, ausgegangen werden.

Räusche können nicht nur vom Schweregrad, sondern auch vom Inhalt und inneren Erleben her äußerst auffallend, ja geradezu bizarr gestaltet sein. Vor allem psychedelische Drogen wie LSD, Meskalin oder Psilocybin rufen radikale Bewusstseinsveränderungen, optische Visionen und Halluzinationen, aber auch wahnhafte Störungen und Beeinflussungserlebnisse hervor. Solche Räusche, die große Ähnlichkeiten mit der Symptomatik schizophrener Personen haben, sind in vielerlei Hinsicht interessant.

Ein LSD-Konsument bemerkte, wie sich seine Finger plötzlich zu langen Schlangen verwandelten, welche seine Eingeweide aufzufressen begannen. Er fühlte sich von Ratten attackiert, die so groß wie Wildschweine waren, flüchtete in eine Gasse, musste erleben, wie die Gebäude in der Straße auf- und zuklappten und ihn zu zermalmen drohten. Auf seiner Flucht gelangte er in einen Park, dessen Bäume zu gläsernen Monstern wurden, die sich über seinen Kopf hinweg über sein Schicksal unterhielten: »Sollen wir ihn wirbeln, wirbeln, wirbeln … sollen wir ihn reißen, reißen reißen …?« Als er schließlich zu Hause angelangt war, sich erschöpft und verängstigt auf die Couch geworfen und eine CD eingelegt hatte, wurde er vom Gefühl beherrscht, nun den Märtyrertod sterben zu müssen. Jede Strophe eines Songs bedeutete eine andere Qual. Paukenschläge erlebte er wie Hammerschläge auf den Kopf, das Ertönen von Trompeten wie Fausthiebe. Streichermelodien wurden als Geißelung empfunden, und der finale Akkord brachte das Lebensende, einen Lanzenstich mitten ins Herz.

Manchmal können solche Horrortrips als sogenannte Echoräusche oder Flashbacks wieder auftreten, manchmal bleiben Konsumenten »hängen«, der Drogenrausch geht dann in eine Geisteskrankheit über. In diesen Fällen spricht man von drogeninduzierten Psychosen, die sich in der Folge verselbstständigen und den Verlauf einer schizophrenen Erkrankung nehmen können. Der Rausch ist jetzt nicht mehr reversibel, die Droge hat nicht nur eine vorübergehende Entrückung, sondern eine bleibende Verrücktheit hervorgerufen.

Psychedelische Naturdrogen wurden schon in früheren Zeiten bei kultischen Handlungen oder religiösen Zeremonien eingesetzt. Man wollte damit Zustände der Bewusstseinserweiterung und der Ekstase hervorrufen. Der Begriff

»psychedelisch« wurde im Übrigen 1956 durch Aldous Huxley (1894–1963) geprägt und stammt von den griechischen Wörtern *psyché* (= Geist, Seele) und *deloun* (= offenbaren) ab.

Immer wieder wurde überlegt, ob psychedelische Drogen nicht therapeutisch eingesetzt werden können, da im Drogenrausch rascherer Zugang zu versteckten Persönlichkeitsanteilen gefunden und verdrängte psychische Inhalte schneller als in einem therapeutischen Prozess ins Bewusstsein gebracht würden. Albert Hofmann (1906–2008), der Entdecker des LSD, hat gemeint: »In der Möglichkeit, die auf mystisches Erleben ausgerichtete Meditation von der stofflichen Seite her zu unterstützen, sehe ich die eigentliche Bedeutung von LSD. Eine solche Anwendung entspricht voll und ganz dem Wesen und dem Wirkungscharakter von LSD als sakraler Droge.« Letztlich erwies sich die Verwendung dieser unkalkulierbaren Substanzen im therapeutischen Setting als zu gefährlich und wurde nach mehreren tödlichen Zwischenfällen verboten.

Wie ein Rausch ausfällt, hängt nicht zuletzt von der Ausgangsstimmung und von der Umgebung, in der man sich berauscht, ab. Wenn sich jemand in Feierabendstimmung und angenehmer Gesellschaft berauscht, wird eher ein beruhigender und entspannender Effekt eintreten. Bei Berauschung in Depressivität und unter nicht vertrauten Menschen wird das primär negative Gefühl verstärkt, was unter Umständen zu heulendem Elend oder Suizidalität führen kann.

Hinter dem Rausch stecken fast immer Absicht und Ziel. Wenn auch viele Menschen nach einer Trinkerei, insbesondere in der Phase des Katers, von einem »sinnlosen Rausch« sprechen, muss doch immer von einer zumindest unbewussten Motivation ausgegangen werden. Der Mensch findet im Rausch oft das, was ihm in nüchternem Zustand fehlt.

Was sucht der Mensch also im Rausch? Primär geht es wohl um ein Gefühl der Entspannung und der Erleichterung, der verbesserten Kommunikation, des Mutes oder der einzigartigen Überlegenheit wie beim Geschwindigkeitsrausch.

Oft suchen wir im Rausch Belohnung, etwa am Freitagabend, wenn wir einen »draufmachen« oder wenn sich der von der Arbeit frustrierte Cannabisraucher mit einem Joint für den Ärger entschädigt. Eine in ihrem Leben stets zu kurz gekommene, bescheiden lebende Frau hat nach einem heftigen Streit mit ihrem Gatten – es ist um das zu knapp bemessene Haushaltsgeld gegangen – alle Ersparnisse abgehoben und in einer Geschäftsstraße innerhalb von zwei Stunden Einkäufe für mehr als 20.000 Euro getätigt. Sie habe blind und ungezielt, wie im Rausch, alles gekauft, was ihr nur irgendwie gefallen habe und sich dabei, so sagte sie, so wohl gefühlt wie noch nie in ihrem Leben.

Der Rausch kann versteckte, abgewehrte und unterdrückte Seiten der Persönlichkeit, die dem Betroffenen oft gar nicht bewusst sind, zutage fördern, denken wir an den Sex- oder den Blutrausch. Es scheint, als käme es im Rausch zu einer Inversion des Verhaltens, als ließe der Rausch kompensierende Verhaltensweisen in überspitzter Form vorübergehend zu: Der Verschlossene wird offen, der Schweigsame redselig, der Gestresste entspannt, der Traurige fröhlich, der Einzelgänger kommunikativ, der Vorsichtige mutig und der Rücksichtsvolle brutal. Im Rausch können wir so agieren, wie wir es uns nüchtern nicht trauen. Er gestattet uns, einmal so zu sein, wie wir dies oft gerne möchten. Wir können dann Anteile unserer Persönlichkeit ausleben, die wir sonst kontrollieren oder zurückhalten.

Vom Fenster meines Arbeitszimmers sah ich vor unserem Krankenhaus einen Rolls-Royce vorfahren. Diesem entstieg eine entschlossen auftretende Dame in Pelz, hinter ihr verließ ein körperlich mitgenommen wirkender, zitternder und schwitzender Herr mit traurigem Ausdruck in seinem geröteten Gesicht den Wagen. Die beiden steuerten unausweichlich auf mein Büro zu. Die resolute Dame verlangte ein Beratungsgespräch, welches über große Strecken von ihr geführt wurde. Sie seien, so stellte sie fest, ein äußerst glückliches Ehepaar, wovon ich sicher schon gehört hätte. Dies musste ich zu ihrer Enttäuschung verneinen. Sie wolle mir aber versichern, dass ihr Mann der liebevollste Partner sei, den man sich vorstellen könne. Dann, nach einem tiefen Seufzer, sprach sie die entscheidenden Worte: »Außer, wenn er trinkt…« – dann sei er nicht der liebste, sondern der »furchtbarste, gewalttätigste und scheußlichste« Mann weit und breit.

Aus den Beobachtungen des Paares läßt sich wohl Folgendes schließen: Der Gatte war offensichtlich in nüchternem Zustand nicht in der Lage, sich gegen seine dominierende, starke Frau durchzusetzen. Wie sich herausstellte, hatte er alle Entscheidungen ihr überlassen, hatte sie selbst bei kleinen Eigenwünschen um Erlaubnis gefragt, hatte sich ihren Vorstellungen vorauseilend angepasst und war stets auf Vermeidung von Streit, auf Ausgleich und Harmonie bedacht gewesen. Im Laufe der psychotherapeutischen Gespräche kam er zur Erkenntnis, über Jahre hinweg ein »richtiger Waschlappen« gewesen zu sein. Wenn er dann zu viel an Ärger geschluckt hatte, wenn das Fass der Frustrationen voll war und er den inneren Druck nicht mehr kontrollieren konnte, ermöglichte ihm der Rausch all das, was er eigentlich immer hätte tun sollen: seine Frustrationen zu verbalisieren, den Ärger hinauszulassen und sich durchzusetzen – jetzt allerdings in explosiver, unkontrollierter Form.

Der Rausch bleibt stets ein Stück weit unbeschreibbar, geheimnisvoll, überirdisch und unerforschbar. Er ist, und das macht ihn so faszinierend, ein Mittler zwischen zwei Welten, zwischen Diesseits und Jenseits.

Viele Ursachen, noch mehr Motive

In der meist mit hoher Emotionalität geführten Suchtdiskussion werden Suchtursachen und Suchtmotive oft vermischt. Motive und Motivation beziehen sich auf die bewussten Gründe, deretwegen Drogen genommen oder berauschende Zustände angestrebt werden, die Ursachen jedoch auf die Bedingungsfaktoren des süchtigen Verhaltens und der Suchtkrankheit. Es macht wenig Sinn, nach *der* Erklärung für süchtiges Verhalten, nach *dem einen* Grund der Sucht oder nach einer einzigen Ursache einer so komplexen Störung zu suchen. Süchtig wird man, so viel steht fest, nie aus einem einzigen Grund, sondern vielmehr durch das Zusammenspiel verschiedener Ursachen, eines ganzen Ursachenbündels. Jede Abhängigkeitserkrankung beruht auf einem »multikonditionalen« Bedingungsgefüge, in welchem genetische Disposition, negative kindliche Prägungen, Entwicklungsprobleme, nachteilige Erziehung, lebensgeschichtliche Umstände, soziale Belastungen, Schicksalsschläge und Krankheiten vertreten sind.

Großen Einfluss üben Freunde und Kollegen sowie die so altmodisch klingende Vorbildhaltung der Bezugspersonen aus. Wie heißt es doch so schön: »Wir können unsere Kinder erziehen, wie wir wollen, wir können sie doch nicht daran hindern, uns nachzuahmen.« Besonders treffend wird die Zwiespältigkeit der Vorbildhaltung im Gedicht »Mein Vater« von Christine Nöstlinger (*1936) zum Ausdruck gebracht:

»Cola schmeckt wie Wanzengift, sagt mein Vater immer nach dem ersten Bier.

Cola ist ein ausländischer Dreck, sagt mein Vater immer nach dem zweiten Bier.

Cola frisst den Magen auf, sagt mein Vater immer nach dem dritten Bier.

Cola zersetzt das Gehirn, sagt mein Vater immer nach dem vierten Bier.

Nach dem fünften sagt er nichts mehr.«

Sucht unterliegt dem Zeitgeist und modischen Trends. Was können Präventionskampagnen gegen das aktuelle Schönheitsideal des spindeldürren, anorektischen Models, was gegen die propagierte Coolness des Rauchens und was gegen die Lust am Rauschtrinken ausrichten? Es genügt nicht, der Propaganda eine noch bessere Gegenpropaganda in Form von Aufklärung und Warnungen entgegenzusetzen: Es geht um eine Änderung der gesamtgesellschaftlichen Haltung und um die Stärkung der individuellen Ressourcen gegen jede Form der Manipulierbarkeit, sei es durch Werbung, durch den Gruppendruck oder gar durch Drogen.

Sucht hat viele Ursachen und Gesichter, sie wird durch die Wechselwirkung zwischen konsumierendem Individuum, Einstellung und Reaktionen der Umgebung und Eigenwirkung der Droge beziehungsweise des süchtig machenden Verhaltens geprägt.

Eine gewisse genetische Bereitschaft zum Auftreten von Suchterkrankungen ist unverkennbar, das Suchtgen schlechthin hat man aber bisher nicht entdeckt. Zudem liegen in der körperlichen und psychischen Konstitution bislang noch nicht genau bekannte dispositionelle Faktoren für Suchterkrankungen vor. Im Mittelpunkt des Interesses stehen dabei neben den Genen der Gehirnstoffwechsel und spezifische Abläufe im Abbau psychotroper Substanzen bei Süchtigen. Sucht hat jedenfalls nichts mit Schuld zu tun, niemand ist freiwillig oder aus bösem Willen abhängig geworden.

Große Bedeutung für die Suchtentstehung hat die emotionale Situation im Elternhaus. Die ersten Lebensjahre sind für das spätere psychische Wohlbefinden der Menschen von elementarer Bedeutung: Die Suchtkranken stammen zu einem erheblichen Teil aus einer »Broken-Home-Situation« oder einem zu behüteten, überfürsorglichen Familienmilieu. Beides sind Risikofaktoren. Fehlende Nestwärme und Geborgenheit treiben das Kind in den Schutz der Drogengruppe oder zur wohligen Wirkung des Cannabis. Unfähigkeit zur eigenständigen Bewältigung von Problemen und Frustrationsintoleranz allzu verwöhnter Kinder begünstigen später das Ausweichen in Stressfreiheit und Gleichgültigkeit, die das Suchtmittel verheißt. Bei den jugendlichen Toxikomanen kommt häufig eine gestörte Beziehung zu den Eltern, besonders ein problematisches Verhältnis zwischen Vater und Sohn oder Mutter und Tochter hinzu. Spätere Suchtpatienten zeigen oft schon vor der ersten Drogenphase problematische und unreife Verhaltenszüge, sie verstehen nicht mit Spannungen umzugehen, es fehlt an Frustrationstoleranz. Sie wollen die Linderung von Unbehagen und den erstrebten Lustgewinn unverzüglich und vollständig erlangen, sie können nur schwer zuwarten, sie verlangen eine Änderung im »Hier und Jetzt«.

Nach entwicklungspsychologischen Aspekten hat Sucht viel mit der schmerzhaften Ablösung vom Elternhaus zu tun. Der Heranwachsende, der von seinen Bezugspersonen und seiner Familie emotional stark abhängig gewesen ist, versucht nun, die Bindungen zu lösen und sich selbst zu entfalten. Sind die Bindungen und Einschränkungen in der Herkunftsfamilie sehr eng oder lösen alle Schritte zur Eigenständigkeit ein schlechtes Gewissen aus, wird oft mit Hilfe der Droge ein abhebender, ein distanzierender, ein berauschender Zustand gesucht. Sucht ist oft Ausdruck von Protest gegen jegliche Autorität und Reglementierung.

Nach dem lerntheoretischen Modell wird der Mensch als ein nach dem Reiz-Reaktions-Mechanismus funktionierendes Wesen gesehen, das heißt, Handlungen, welche von einem Erfolgsgefühl begleitet sind, werden leichter wiederholt als solche, die mit einem Misserfolg verbunden sind. Belohnung verstärkt, Bestrafung vermindert jegliches Verhalten oder löscht es aus. Nach lerntheoretischem Verständnis wird die Drogenwirkung als Verstärker, die Phase des Entzugs und der Drogenfreiheit als »Bestrafer« gesehen. Da der Süchtige das Erfolgsgefühl ständig wiederholen und jenes der Unlust vermeiden will, gerät er in ein reflexhaftes Reaktionsmuster, das allmählich eine gewisse Eigendynamik entwickelt.

Die unendliche Vielfalt der Motive

Von den vielen Ursachen der Sucht sind die Suchtmotive abzugrenzen. Sie fallen bei jedem Menschen anders aus, haben aber immer mit Suche, mit Ausweichverhalten, also mit Flucht, in vielen Fällen mit »Selbstheilung«, manchmal aber auch mit Selbstablehnung und Selbstaggression zu tun. Der Ausdruck »Suchtmotiv« ist eigentlich nicht richtig, da kein Mensch gerne süchtig ist und niemand die Sucht als Krankheit sucht. Vielmehr müssten wir von *Rauschmotiven* sprechen und somit fragen, weshalb ein Individuum die Wirkung einer Droge oder den Effekt eines exzessiven Verhaltens mit dieser Entschlossenheit anstrebt. Aber auch im vorliegenden Buch werden Sucht- und Rauschmotiv in nicht ganz korrekter Weise synonym verwendet.

Fragt man Jugendliche nach den Motiven für den Konsum illegaler Drogen, ergibt sich meist folgende Reihenfolge: An erster Stelle steht die schlichte Neugierde, gefolgt von der Animation durch Gleichaltrige: »Die anderen haben es auch gemacht, ich wollte nicht nachstehen, ich wollte dazugehören.« An dritter Stelle steht der Wunsch nach Aufregung, nach neuen Erlebnissen. Es folgen der Wunsch nach verbesserter Kommunikation und Geselligkeit, nach Veränderung des Wahrnehmens und Erlebens von Glücksgefühl sowie das Streben nach besserem Gemeinschafts- und Gruppengefühl. Schließlich führen die Befragten gutes körperliches Feeling und großes Verlangen nach der Wirkung der einen oder anderen Droge an. Negative Gründe, etwa die Behebung von Sinnlosigkeitsgefühlen oder Depressionen, werden erst viel später genannt, sei es, weil diese den Konsumenten oft nicht bewusst sind oder weil sie sich genieren, eine psychische Schwäche zuzugeben. Bei intensiven psychotherapeutischen Interviews sieht man allerdings die tiefer liegende, die wahre Motivation: Probleme im Elternhaus und mit den Vorgesetzten, Liebeskummer, Gefühle der Langeweile und Leere, Selbstwertzweifel und Minderwertigkeitskomplexe sind ebenso wichtig wie Zweifel an der richtigen Berufswahl, Angst vor Partnerverlust, Überlastungsgefühle oder Versagensängste. Zwischen der vordergründigen Motivation, welche sich vornehmlich auf den positiven Skalenbereich der Gefühle bezieht, gibt es eine hintergründige, wahrscheinlich viel bedeutsamere, welche mit Ausweich- und Fluchtverhalten, mit der Bewältigung negativer Gefühle, mit Suche und Selbstheilung zu tun haben.

Suche oder Flucht?

Was sucht der Mensch nun in der Wirkung der Droge, im Rausch, im Spiel, im exzessiven Sport oder im nicht enden wollenden Arbeiten? Die beste Antwort hat mir einmal ein schwer heroinabhängiger junger Mann geliefert. Auf meine übliche Frage, weshalb er sich trotz all der körperlichen Suchtschäden – er war HIV- und Hepatitis-C-positiv – und trotz der psychischen Folgen, der sozialen Verelendung und der justiziellen Sanktionen, trotz Vereinsamung und Verzweiflung immer und immer wieder spritze, hat er mit einer Gegenfrage geantwortet: »Waren Sie schon einmal im Paradies?« Auf mein betroffenes Schweigen hin meinte er: »Sehen Sie …

Ich bin nach jedem Schuss für einige Minuten im Paradies. Und ich kann Ihnen sagen, dann will man nicht mehr in dieser Welt sein.«

Der Süchtige versucht also, im Rausch etwas zu finden, was er in der Realität (vergeblich) sucht. Meistens ist dies wohl der Wunsch nach Geborgenheit und Nestwärme. Solche Gefühlszustände findet er nicht nur durch die Wirkung der Droge selbst, sondern auch durch die begleitenden Umstände. Hat denn das Bild einer fröhlich zechenden Runde, die an einem kalten Novemberabend in einer warmen Wirtshausstube zusammensitzt, nicht etwas Heimeliges an sich? Muss denn nicht die Atmosphäre von Gemeinschaft und Geborgenheit, welche gemeinsam kiffende Jugendliche erleben, gerade auf Kinder, die vielleicht nie genügend Zuwendung, Zärtlichkeit und Zeit bekommen haben, eine sehr verlockende Wirkung haben? Sind wir nicht alle in unserer hektischen, reizüberfluteten Zeit auf der Suche nach tiefer Ruhe, die ein entspannendes, Schlaf anstoßendes Medikament ebenso bringen kann wie eine Dosis Morphin, die Droge des Traumgottes Morpheus? Sucht entsteht dann, wenn menschliche Wünsche und Sehnsüchte nicht mehr auf natürlichem Wege erreicht werden können, wenn die Kompetenz für das, was der Mensch immer wieder braucht, verloren gegangen ist, wenn man für Ruhe, Entspannung, Versenkung oder Meditation chemische Hilfsmittel oder übersteigerte Ersatzaktivitäten benötigt.

Viele Menschen suchen in der Sucht Kreativität. Weshalb wird der Alkoholismus neben der Depression als Krankheit der Künstler bezeichnet? Weshalb hält sich das Gerücht, dass einige der schönsten Songs unter dem Einfluss von Cannabis und manch besonders gelungene Kunstwerke unter jenem von LSD zustande gekommen seien? Ein schöpferisch tätiger Mensch, der sich manchmal leer und ausgebrannt fühlt, der keine neuen Ideen mehr hat und den Verlust seiner Kreativität befürchtet, fragt sich wohl manchmal, ob er sich aus dieser quälenden Situation nicht durch anregende Substanzen befreien und seine Depression durch berauschende Mittel beenden könnte. Zahl und Geschichten der süchtigen Künstler, die aus eigener Erfahrung gewusst haben, wovon sie malen, schreiben oder singen, würden den Rest des Buches leicht füllen.

Süchtige suchen Gemeinschaft und Kommunikation. Der Erfolg des großen Netzes hat unter anderem mit den unendlichen Kommunikationsmöglichkeiten zu tun. In einer sprachlos gewordenen Zeit voll coolen Verhaltens bietet das Internet einen mehr als perfekten Ersatz. Weil dabei aber die Face-to-Face-Kommunikation, der Austausch von Gefühlen und emotionalen Mitschwingungen fehlt, wird oft in süchtig werdender Weise nach dem besseren und befriedigenderen Austausch gesucht. Diesen kann aber die virtuelle Welt nicht wirklich liefern, weil die emotionale Komponente weitgehend fehlt.

Warum, so frage ich Sie, kann ein junger Mensch, der im Alter von sechs bis zehn Jahren heldenhaft gegen alles schädliche Verhalten, gegen Nikotin und Drogen eingestellt war, in kürzester Zeit, nämlich zu Beginn der Pubertät, zu einer Hochrisikoperson für Drogenanfälligkeit werden? Die Antwort liegt auf der Hand: Er ist der Welt des Kindes entwachsen und in der des Erwachsenen noch nicht zu Hause. Als

»Wanderer zwischen zwei Welten« befindet er sich auf der Suche nach einem eigenen Weg, nach einer eigenen Identität, auf der Suche nach Sinn. Dabei kann er bei der Droge tatsächlich schnelle Hilfe finden. Sie gibt ihm Selbstsicherheit und verbessert seine Kommunikation, sie schirmt Zweifel und Ängste ab und lässt seine Probleme in Arbeit oder Schule unwichtig erscheinen. Mit Hilfe der Droge knüpft er Kontakte und findet Zugehörigkeit. Das schäumende Bier gibt ihm das Gefühl, bereits erwachsen zu sein. Der Joint ist für ihn die Eintrittskarte zu einer speziellen Gruppe. Der Trip liefert Antwort auf die Sinnfrage. Unter der Wirkung von Ecstasy fühlt er sich einzigartig und gleichzeitig verbunden mit der ganzen Welt. Der Süchtige sucht, und die Drogen geben in ihrer Vielfältigkeit und dem schillernden Spektrum ihrer Wirkungen scheinbar stets eine Antwort.

Süchtige suchen Beruhigung und besseren Schlaf, sie streben nach Schwung und Aktivität, nach neuen Vorstellungen und kreativen Eingebungen. Sie suchen ausgeglichene Stimmung, Ruhe, Frieden und Gelassenheit. Die Droge verheißt Euphorie und Abenteuer im Kopf. Wir suchen in der Droge ein beflügeltes Dasein, ein Leben im Hoch, ein nicht enden wollendes Fest. Wir suchen Befreiung von Kummer und Nöten, von Sorgen und Ängsten, wir suchen tatsächlich das Paradies.

Fühlt sich der Süchtige mehr von Rausch und Droge angezogen oder durch ihre Wirkung aus der Realität vertrieben? Man kann wohl annehmen, dass Menschen, denen es nicht gut geht, eher die Flucht in die Sucht antreten als solche, die selbstsicher und zufrieden in guten sozialen Verhältnissen leben. Denken wir an den Elendsalkoholismus im industriellen Gründungszeitalter, an Medikamenten- und Drogensucht bei Soldaten im Kriegseinsatz oder an das Drogenproblem in Haftanstalten. Denken wir aber auch an innere Nöte, an Sinnkrisen und Depressionen, an Verlorenheit und Gekränktheit, an die vielen emotionalen und sozialen Ungerechtigkeiten. Oft führt der Suchtprozess in eine immer unerträglicher werdende Realität, so beim unterstandslosen Alkoholiker oder beim schwerkranken Fixer, aus welcher der Betroffene erst recht entfliehen will. Er hat dazu nur eine Chance: die Flucht in die Sucht.

Realitätsflucht ist ein Ausweichen vor psychischen Problemen, vor körperlichem Leid und existenziellen Nöten. Der Süchtige will dem bedrückenden Dasein entfliehen und sich eine Illusion verschaffen. Normales Abschalten, Ausspannen oder Aufarbeiten genügen nicht mehr. Die Probleme scheinen nur mehr jenseits der Realität lösbar, es ist im wahrsten Sinne zum Davonlaufen.

Selbstheilung oder Selbstzerstörung?

Einer der besten Wege zum Verständnis süchtigen Verhaltens ist jener über die sogenannte *Selbstheilungshypothese*. Diese besagt, dass ein Süchtiger versucht, sich durch sein Verhalten oder seinen Rausch von einer zugrunde liegenden Störung zu befreien. Die Putzsucht dient der Bewältigung eines quälenden Zwangs, die Kritiksucht der Abwehr selbstaggressiver Tendenzen und die Ichsucht der Kompensation von Minderwertigkeitsgefühlen. Viele junge Kiffer füllen das existenzielle Vakuum mit der wohltuenden Wirkung des Cannabis. Die Internetjunkies befreien sich im großen Netz von Leere und Kontaktängsten, die Kokainisten hellen mit dem »Andenschnee« ihre Schwermut auf. Im süchtigen Agieren erlebt sich der Betroffene frei und gelöst, er therapiert damit unbewusste Störungen, bewältigt tief verankerte Ängste oder reguliert seine Stimmung.

Ein Geschäftsmann, der sich jahrelang in seinem Beruf verausgabt hatte und durch die Pflege seiner chronisch kranken Frau erschöpft war, suchte das Casino auf. Die dortige Atmosphäre sprach ihn sehr an, er fühlte sich wie in einer anderen Welt, konnte die Stunden genießen und sich erholen. Er begann zu spielen und stellte fest, wie ihn dies vergnügt machte und auf völlig andere Gedanken brachte. Gefangen vom Bann der rollenden Kugel, vergaß er für Stunden seinen Kummer und musste nicht mehr an die Sorgen denken. Endlich fühlte er sich nicht mehr ausgebrannt, sondern erlebte ein sonst nie gekanntes Hochgefühl. Der Mann, der dann leider spielsüchtig wurde, hatte ursprünglich nichts anderes versucht, als seinen depressiven Zustand zu bekämpfen und sein Burn-out-Syndrom selbst zu heilen.

Die Selbstheilungsversuche erfolgen oft unbewusst. Ein Kind oder Jugendlicher mit einer Hyperaktivitätsstörung, einem »Zappelphilipp-Syndrom«, macht später mit Cannabis sehr gute Erfahrungen. Er ist nicht mehr ablenkbar und nervös, kann sich bestens konzentrieren, entspannen und findet endlich Ruhe. Der Dauerkonsum von Haschisch oder Marihuana ist gleichsam eine durchgehende Behandlung, für die allerdings der Preis der Abhängigkeit bezahlt wird. Nach verschiedenen Untersuchungen kann man bei 20 Prozent der Süchtigen eine solche Aufmerksamkeitsdefizit-Hyperaktivitätsstörung (ADHS) finden.

In einer Zeit, in welcher Wohlbefinden und Gesundheit als käufliches Gut gelten, in der Krankenbehandlung zu einer Gesundheitsindustrie geworden ist und in der für welches Problem auch immer, für jede Störung und jede Missbefindlichkeit, eine Lösung »gekauft« werden kann, nimmt die Tendenz zu Selbstbehandlung und Selbstheilung zu. Dies beinhaltet die Gefahr des Medikamentenmissbrauchs und des Griffs zu »uralten Heilmitteln«, welche oft auch berauschende Gifte sind.

Mit der Interpretation der Sucht als (allerdings falsche) Selbsttherapie schließt sich jedoch ein Kreis. Alle Krankheiten wurden ursprünglich als Süchte bezeichnet, sämtliche Medikamente nannte man Drogen und das Herbeiführen einer Berauschung ist die älteste Form der psychiatrischen Behandlung.

Das Wort von der Sucht als »Selbstzerstörungsprozess« wird viel strapaziert. Einer der häufigsten Appelle an uneinsichtige Süchtige lautet: »Du richtest dich selbst zugrunde!« Tatsächlich kommt man beim Anblick von verelendeten Heroinisten, die trotz aller Qual weiterfixen, oder von Rauchern, die trotz Lungen- oder Kehlkopf-Karzinomen nicht auf die Zigarette verzichten wollen, an derartigen Überlegungen nicht vorbei. Ist es denn nicht in extremem Maße selbstdestruktiv, wenn ein magersüchtiges Mädchen bewusst bis zum

Skelett abmagert und sich in leider allzu vielen Fällen zu Tode hungert? Wie sehr muss sich ein Arbeitssüchtiger hassen, wenn er sich weder Freizeit noch Urlaub gönnt und nach überstandenem Herzinfarkt durch weiteren Stress einen zweiten riskiert? Wir wären entsetzt und sprächen von Sklaverei, wenn man jene Torturen, die sich ein Sportsüchtiger tagtäglich aus freien Stücken antut, jemandem aufzwingen würde.

Manche Psychologen sehen in der Sucht eine Art Zeitlupenselbstmord. Die Statistik gibt ihnen recht. Die Suizidhäufigkeit ist bei Suchtkranken jeglicher Form um das 50- bis 200-Fache erhöht. Man führt dies auf unbewusst vorhandene Selbstbestrafungswünsche, auf Selbstablehnung und Selbsthass zurück. Im Laufe des Suchtprozesses werden die Versagens- und Schuldgefühle bei jedem Rückfall und jedem Therapieabbruch größer, sodass die Verachtung der eigenen Person immer weiter steigt. Der unbewusste Wunsch, sich selbst zu bestrafen, ist dann viel stärker als der Verstand, der die Notwendigkeit des Ausstiegs klar begreift.

Die unleugbare Verflechtung von Sucht und Selbsttötung wird von wissenschaftlicher Seite durch zwei sich ergänzende Theorien erklärt: Nach der sogenannten *Common-Cause-Theory* sind Süchtigkeit und Suizidhandlungen Funktionen gemeinsamer zugrunde liegender Strukturen, weshalb Sucht auch als »protrahierter Suizid« bezeichnet werden kann. Besonders eindrucksvoll schildert dies der Schriftsteller Henry Charles Bukowski (1920–1994), wenn er schreibt: »Als ich 35 war, da hatten die mich im General Hospital schon fast für tot erklärt. Ich bin nicht gestorben. Ich kam aus dem Krankenhaus – die hatten mir vorher gesagt, ich sollte nicht einen

Tropfen trinken, oder es wäre mein sicheres Ende – ich kam also raus, und wo ging ich als Erstes hin? In eine Kneipe und trank ein Bier. Nein, zwei Bier …« An einer anderen Stelle bezeichnet Bukowski Alkohol als einen »wohltuenden Gott«, der es einem erlaubt, »Selbstmord zu begehen und wieder aufzuwachen und sich wieder zu töten«.

Nach der *Processual-Cause-Interpretation* führt die Suchterkrankung durch ihre spezifische Problematik, durch Verschuldung, Verelendung und Vereinsamung vermehrt zu Suizidhandlungen. Diese resultieren etwa aus einer schweren depressiven Verstimmung nach suchtbedingter Scheidung oder aus dem Gefühl der völligen Hoffnungs- und Ausweglosigkeit eines überschuldeten Spielsüchtigen. Rückfälle führen zur Verdichtung von Schuldgefühlen und suizidalen Panikhandlungen. Viel zu häufig bedeutet die Selbsttötung den tragischen Abschluss einer Suchtkarriere.

Süchtiges Verhalten kann vom psychologischen und psychiatrischen, vom pädagogischen und philosophischen, vom soziologischen und ökologischen, vom juridischen und religiösen, vom politischen und weltanschaulichen oder vom biologischen sowie pharmakologischen Standpunkt aus betrachtet und analysiert werden. Keine der einschlägigen Theorien vermag aber eine wirklich überzeugende Erklärung zu finden. Wie gesagt, Sucht bleibt immer ein Stück weit unerforschbar, unerklärbar und geheimnisvoll – und dadurch faszinierend.

Suchtkarriere oder Suchtmisere?

Eine 56-jährige Frau wurde in völlig verwahrlostem Zustand in ihrer mit Müll und Sammelgegenständen vollgestopften Wohnung vorgefunden und in die psychiatrische Klinik eingeliefert. Dort diagnostizierte man ein Messie-Syndrom. Sie hatte jahrelang keine Zeitungen, keine leeren Flaschen und Joghurtbecher weggeworfen, alte Bücher und Magazine gesammelt, auf Flohmärkten allen möglichen Schrott zusammengekauft und auf Müllstationen nach Brauchbarem gesucht. Die Schränke waren angefüllt mit alten Kleidern, die Schubladen quollen über von Geschirr und Besteck. Überall lagen ausrangierte Geräte, alte Schuhe, Plüschtiere, Ordner, Kartons, leere Dosen und Berge von Schmutzwäsche herum. Sie konnte sich in der Wohnung zwischen den Müllhaufen und Stapeln kaum mehr bewegen. Lediglich am überladenen Esstisch und auf dem Bett, wo ebenfalls Sachen geschlichtet waren, hatte sie noch eine kleine Fläche für sich. Während sie anfangs die Gegenstände nach einem gewissen Ordnungsschema sammelte und ablagerte, brach bald das Chaos (das englische Wort *mess* bedeutet »Chaos«) mit kompletter Vermüllung aus.

Die Frau erzählte mir ihre Geschichte: Sie war unter Broken-Home-Milieuverhältnissen und in Armut aufgewachsen. Die Mutter hatte die Familie früh verlassen, der Vater war Alkoholiker. Sie blieb der Schule oft fern, kam in ein Heim, schaffte dann aber den Abschluss einer Lehre. In der späten Jugend erkrankte sie an schwerer Magersucht, musste wegen lebensbedrohlicher Gewichtsabnahme intensivmedizinisch und psychiatrisch behandelt werden. Später arbeitete sie im Gastgewerbe, verspürte aber immer wieder den Drang, Stelle und Umgebung zu wechseln und zu verreisen. Besonders in den Tagen um den Vollmond herum habe sie in sich Unruhe und einen richtigen »Wandertrieb« verspürt. Auf einer ihrer ziellosen Reisen kam sie in Kontakt mit Cannabis, welches sie bei Gelegenheiten, aber nie auf süchtige Weise nahm. Während einer nur zwei Jahre dauernden Ehe begann sie, massiv zu trinken. Sie habe sich sinnlos berauscht und tagelang hindurch getrunken, habe es aber am Tiefpunkt geschafft, das Alkoholproblem zu überwinden und auf Dauer abstinent zu leben, ganz ohne fremde Hilfe. Jetzt begann das Sammeln. Sie entwickelte geradezu eine Sammelwut, welche ihr Leben fortan beherrschte.

Das Leben der Frau, die an keiner der bei Sammelsüchtigen oft vorliegenden psychischen Erkrankung litt, war durchgehend durch süchtiges Verhalten geprägt. Aufgewachsen im Alkoholikermilieu, hat eine süchtige Verhaltensweise die andere abgelöst. In ihrem Essen und Brechen, im ausufernden Trinken und im zwanghaften Sammeln waren die klassischen Suchtkriterien mit Kontrollverlust und Abstinenzunfähigkeit erfüllt. Was wollte sie damit kompensieren, welche Löcher in der Seele stopfen? Was hat sie daran gehindert, sich von ihren seelischen Problemen zu entmüllen? Worin liegt die Grundstörung der vielen Süchte? Zu all dem gäbe es viel zu sagen. Ihre vielfältige Suchtkarriere endete jedenfalls in Einsamkeit und Verelendung.

Karriere mit Hindernissen

Das positiv besetzte Wort Karriere, das meist eine erfolgreiche berufliche, künstlerische oder sportliche Entwicklung bezeichnet, sollte eigentlich nicht für die Beschreibung eines Krankheitsprozesses verwendet werden. Es hat sich in der Beschreibung von Suchtverläufen eingebürgert und meint die Suchtgeschichte von den ersten Erfahrungen über die Gewöhnung bis zur Abhängigkeit.

Das, was wir somit als *Suchtkarriere* bezeichnen, beginnt meist sehr früh, manchmal schon im Mutterleib. Das ungeborene Kind einer alkohol- oder heroinabhängigen Mutter ist zwangsläufig in den Kreislauf der Drogen eingebunden, gewöhnt sich an die Substanzen und entwickelt gleich dem mütterlichen Organismus eine Abhängigkeit. Die Geburt stellt dann, drastisch ausgedrückt, einen Zwangsentzug, der den Geburtsschock verstärkt, dar. Das Leben des Kindes beginnt mit Entziehung und Entzug, mit einer schweren krankhaften Störung, die intensivmedizinische Intervention erforderlich macht.

Der Einstieg in die Suchtkarriere erfolgt oft in der Kindheit. Kürzlich wurde in den Medien über den Fall eines fernsehsüchtigen Kindes berichtet, welches seine Mutter, die ihm das Gerät abschalten wollte, in einem Nebenzimmer eingeschlossen hat. Der Junge ließ sich nicht stören und kaum vom Fernsehen ablenken, als die herbeigerufene Polizei das Zimmer aufgebrochen und die Mutter befreit hat. Die virtuelle Welt mit ihren grenzenlosen Möglichkeiten von Kontakten, Spielen und Unterhaltung spricht besonders Kinder und Jugendliche an, sodass gerade die modernen, substanzunabhängigen Süchte sehr früh beginnen.

Das Einstiegsalter für Nikotin-, Alkohol- und Drogenmissbrauch sinkt. So lautet seit vielen Jahren eine in jeder Suchtdiskussion vorgebrachte Behauptung. Dies scheint keinesfalls nur eine beliebte Sensations- oder Panikmeldung zu sein, sondern wird durch wissenschaftliche Studien bestätigt. Bei Zigaretten liegt der Beginn des Missbrauchs gegenwärtig im Durchschnitt bei 11,6 Jahren, für Alkohol bei 12, für Cannabis bei 15,5 und für Stimulanzien bei 16 Jahren. Selbst bei Heroin, der härtesten Droge, finden die ersten Erfahrungen meist schon vor dem 20. Lebensjahr statt. Bei den Verhaltenssüchten sind solch punktuelle Aussagen nicht möglich, da hier der Übergang von Spiel und Unterhaltung zu Gewöhnung und Abhängigkeit fließend ist. Viele Verhaltenssüchte zeigen jedoch schon in der Kindheit und in der Phase der Persönlichkeits- und Identitätsbildung typische Vorläufersymptome, etwa übertriebenes Reinlichkeitsverhalten bei später Putzsüchtigen, leichte Kränkbarkeit bei Menschen, die später immer wieder eifersüchtig reagieren, oder Störungen im Essverhalten bei fettsüchtig werdenden Menschen.

Am Beginn des Suchtprozesses stehen Erfahrungen, wie sich Empfindungen und Gefühle durch Drogen oder bestimmte Verhaltensweisen ändern lassen. Über den Versuch, diese Erfahrungen zu wiederholen, kommt es zur Gewöhnung, zum schädlichen Gebrauch und schließlich zur Abhängigkeit. Von größter Bedeutung ist die Frage, ob Drogen probierende Kinder und Jugendliche den Konsum beibehalten oder aufgeben, ob sie es bei singulären Erfahrungen bewenden lassen oder zu regelmäßiger Einnahme mit Gewöhnung übergehen. Diese schicksalhafte Frage wird durch den familiären Rückhalt, die Art der ersten Suchterlebnisse, das Vorbild der Eltern und den Einfluss der Gleichaltrigen, die Einstellung zur Erziehung sowie die Unterstützung bei der Identitätsbildung entscheidend.

Bei allen Formen der Sucht verläuft der Krankheitsprozess in charakteristischen Phasen. Traditionell erfolgt die Einteilung in *Probier-*, *Missbrauchs-* oder *Gewöhnungs-* und *Abhängigkeitsphase.*

In der *Probierphase* werden erste Erfahrungen gesammelt, Nikotin oder Cannabis wird meist in einer Gruppe Gleichaltriger konsumiert. Dies bedeutet noch lange nicht, dass die Probierenden auch abhängig werden. Bei Cannabis hat man etwa ermittelt, dass von 100 Probierenden zehn zu einem häufigen Gebrauch mit Gewöhnung übergehen und einer davon später süchtig wird. In der *Missbrauchsphase* wird die Drogenwirkung oder das süchtige Verhalten als Ersatz- und Ausweichhandlung eingesetzt. Man strebt die Wirkung gezielt an, um mit Missbefindlichkeiten, Leeregefühlen, Kontaktproblemen, Depressionen oder Überforderungen besser fertig zu werden. Begleiterscheinungen wie Leistungsknicks oder schulische und berufliche Probleme werden in Kauf genommen. In der *Abhängigkeitsphase* kann der Betroffene dann nicht mehr auf Drogen oder süchtiges Verhalten verzichten, er richtet seine Interessen ganz auf den Drogenkonsum aus und gestaltet danach seinen Tages- und Wochenablauf. Familie, Freunde und Beruf geraten in den Hintergrund. Die Toleranzentwicklung setzt ein, Entzugserscheinungen treten auf und die Suchterkrankung nimmt einen eigenständigen Verlauf.

Eine auch für die therapeutische Praxis geeignete Einteilung des Weges vom Probieren legaler und illegaler Drogen zur Sucht stammt von den Suchtforschern Helmut Waldmann und Wolfgang Zander, die vier Konsumentenstadien unterscheiden: jenes der *Drogenmotivation*, der *Drogenerfahrung*, der *Drogenbindung* und der *Drogenkonditionierung*. Im ersten Stadium erregen die Substanzen Neugier und werden daher probiert. Bereits in diesem Stadium ist ein Abbau der Schranken gegen die Drogeneinnahme erfolgt und ein erster Schritt in die illegale Drogenszene getan. Das zweite Stadium kann als Drogenerfahrung bezeichnet werden. Jetzt werden neuartige Erlebnisse unter dem Einfluss von Drogen gesucht. Die meisten Drogenkonsumenten sind von der Erweiterung ihres Erfahrungshorizontes begeistert. Allmählich strukturieren sie ihren Tagesablauf und Bekanntenkreis um. Sie suchen nach Gleichgesinnten, häufig wird gemeinsam konsumiert. Im anschließenden Stadium tritt eine »Drogenbindung« ein, das bisherige soziale Gefüge löst sich auf, bei alltäglichen Konflikten wird die Flucht in die Drogen angetreten. Im vierten Stadium folgt die »Drogenkonditionierung«. Jetzt dient der Drogenkonsum vorwiegend dem Vermeiden von Entzugserscheinungen, die Sucht ist programmiert.

Im Laufe der Suchtkarriere ändert sich das Wesen eines Menschen. Bei Fernseh-, Computer- und Onlinesucht äußert sich dies in sozialem Rückzugsverhalten bis hin zum Abriegeln des Wohnraums, in Vermeidung von Kontakten, in fehlendem Interesse für die Umwelt und für zwischenmenschliche Beziehungen, in unvermitteltem aggressiven Reagieren bei irgendwelchen Anforderungen sowie völliger Monotonisierung und Einengung der Lebensführung. Da der Süchtige in seinem Denken und Fühlen gefangen ist, scheint er zunehmend in sich gekehrt und selbstbezogen zu sein. An den Geschehnissen der Umwelt scheint er immer weniger Anteil zu nehmen. Bei Süchtigkeit auf Substanzen ruft deren Vergiftungseffekt noch eine Reihe spezieller Störungen wie Antriebs- und Lustlosigkeit, Abnahme der Spontaneität und Nachlassen der Eigeninitiative, depressive Verstimmungen und Verflachung der Emotionen hervor, was die Wesensänderung verstärkt.

Den Suchtprozess begleiten meist psychische und oft auch körperliche Krankheiten, sogenannte *komorbide Störungen.* Diese können die Sucht ursächlich bedingen oder als deren Folge auftreten. Besonders häufig sind Depressionen, Angsterkrankungen, psychosomatische Störungen, manchmal sogar alkohol- oder drogeninduzierte Psychosen, also schwere Geisteskrankheiten.

Gerade bei illegalen Drogen wird der Suchtprozess durch rechtliche Probleme kompliziert. Allerdings sind die Beziehungen zwischen Drogenmissbrauch und Kriminalität nicht so einfach, wie sie oft dargestellt werden. Die Behauptung, dass Kriminalität nur eine Folge des Drogenverbots sei, ist ebenso falsch wie jene, dass Drogensucht generell zu delinquentem Verhalten führe. Die Tatsache, dass Besitz, Handel und Konsum mancher Drogen an sich schon ein strafbares Verhalten darstellen, ist zweifelsohne ein großes Problem. Die unterschiedlichen Hauptwirkungen der verschiedenen Drogentypen, die kriminelles Verhalten zum Teil begünstigen, zum Teil möglicherweise zurückdrängen können, müssen aber auch unabhängig von ihrem rechtlichen Status betrachtet werden. Während aufputschende Drogen wie Kokain und Amphetamin das Gewalttätigkeitsrisiko steigern, können dämpfende Gifte wie Heroin, Cannabis oder Benzodiazepine dieses sogar unterdrücken. Ein antriebsloser, entspannter Mensch wird sich kaum in eine Schlägerei verwickeln lassen.

Typische Suchtdelikte sind neben dem illegalen Handel in erster Linie Betrug (etwa Rezeptfälschungen), Gewalt und Prostitution. Mehr als die Hälfte der Häftlinge hat Drogenprobleme, fast ein Drittel leidet unter Alkoholmissbrauch. Süchtige sind im Übrigen aber nicht nur als Täter, sondern auch als Opfer vermehrt in Straftaten involviert.

Gibt es ein »Herauswachsen« aus der Sucht, gibt es Spontanheilungen? Beide Fragen kann man klar bejahen. Gerade Drogensucht ist oft an die Turbulenzen der Entwicklungszeit, an den Lebensumbruch zwischen der Kindheits- und Erwachsenenphase und an die Probleme der Identitätsbildung gebunden. Manch drogenpolitische Ansätze gehen deshalb von der Vorstellung aus, dass die Sucht mit Beendigung dieser

Probleme und mit dem Erreichen des Erwachsenenalters gar nicht mehr nötig sei. Wirksame Suchthilfe heiße deshalb, in dieser Zeit schwerere Schäden zu vermeiden. Die Erfahrungen mit Drogen während einer kritischen Lebensphase sollen nicht Auswirkungen auf ein ganzes Leben haben. Alle Maßnahmen, die unter dem Begriff *Harm-Reduction* zusammengefasst werden, dienen der Strategie des möglichst schadlosen Überlebens. Durch die Verteilung steriler Nadeln und sauberer Spritzen sollen Infektionen mit Hepatitis- und HI-Viren, durch Substitutionsprogramme das Abgleiten in die Kriminalität, durch soziale Betreuungen ein weiterer Abstieg verhindert werden.

Das Suchtgedächtnis bleibt während der ganzen Karriere erhalten. Dies heißt, dass der einmal süchtig gewordene Mensch sich auch in Hinkunft den Gesetzen der Sucht, der Dosissteigerung und dem Kontrollverlust, der raschen Toleranzentwicklung und dem Auftreten von Entzugserscheinungen nicht entziehen kann. Nimmt er sein altes, zur Sucht führendes Verhalten wieder auf, beginnt seine Suchtkarriere nicht wieder von vorne, sondern wird dort fortgesetzt, wo er sie unterbrochen hat. Selbst Therapeuten können die Unerbittlichkeit dieser Abläufe kaum begreifen, sie bestätigen sich aber in der langzeitlichen Begleitung von Suchtpatienten immer wieder.

In meiner Kindheit wurde ich einmal von einem jüngeren Mann aus der Nachbarschaft mit zum Angeln genommen. Ich durfte dabei sein, ihm zuschauen und es dann selbst probieren. Als endlich der erste Fisch angebissen hatte, bemerkte er, wie mir trotz aller Freude das zappelnde Tier leidtat. Ohne ein Wort zu sagen, löste er es von der Angel und warf es wieder ins Wasser zurück. Später sollte dieser Mann schwere Probleme mit Alkohol bekommen und sich im Ausland einer Entwöhnungskur unterziehen. Es wurde ruhig um ihn, man hörte nur noch, dass er nach wie vor abstinent lebe.

Drei Jahrzehnte später traf ich ihn in der Klinik mit einem schweren Alkoholdelirium wieder. Er erzählte mir die Fortsetzung seiner Suchtgeschichte: Nach der Entwöhnungsbehandlung hatte er fast 25 Jahre völlig abstinent gelebt, nie einen Schluck getrunken, selbst den Konsum von alkoholhaltigen Lebensmitteln und von sogenanntem alkoholfreien Bier (das bis zu einem halben Prozent Alkohol enthält) gemieden. Er hatte die Meetings der Anonymen Alkoholiker besucht, viele Trinker zur Behandlung motiviert und mit seinem Pkw in Ambulanzen und Kliniken chauffiert – kurzum das Leben eines »trockenen Alkoholikers« geführt. In dieser guten Phase war es ihm gelungen, eine Familie zu gründen, ein Haus zu bauen und sich auch beruflich zu etablieren.

Obwohl er stets die Meinung vertrat, dass ein ehemals Süchtiger nie mehr kontrolliert trinken könne und er für immer abstinent bleiben wollte, kam ihm doch das eine oder andere Mal der Gedanke, ob er es nicht vielleicht einmal probieren sollte. Es müsste doch möglich sein, jetzt ganz normal, genussvoll und kontrolliert zu trinken, so dachte er. Früher, in seiner Alkoholikerzeit, waren die Verhältnisse ja ganz anders gewesen, er hätte Konflikte mit der Frau gehabt, wäre durch die kleinen Kinder überfordert gewesen, hätte mit Schulden gekämpft und sich beim Hausbau verausgabt. Nunmehr seien die Sorgen weg gewesen, sei das Leben ruhig und geordnet verlaufen. Er hätte einmal gelesen, dass sich der Körper des Menschen innerhalb von fünf Jahren völlig regeneriere und es zu einem mehr oder minder kompletten Austausch der Zellen komme. Sein Organismus, nahm er an, wäre deswegen ein ganz anderer als der ehemals süchtige, die Prägungen des Suchtgedächtnisses wären gleichsam schon mehrmals ausgetauscht worden. So entschloss er sich nach längerem Zögern, ein Bier zu trinken.

Vier Wochen später musste er, nachdem sofort alle Dämme gebrochen waren und er wieder so exzessiv trinken musste wie vor einem Vierteljahrhundert, wegen eines Entzugsanfalls in die Klinik eingeliefert werden, wo sich ein schweres Delirium tremens, die schwerste und gefährlichste Form des Entzugs, entwickelte. Erstaunt fragte er mich, wohl in Erinnerung an unsere Anglererlebnisse, weshalb denn in seiner Infusionsflasche kleine, weiße Haifische herumschwämmen …

Der Atem geht schneller, der Tod kommt rascher

Der Abhängigkeitsprozess dauert manchmal sehr kurz. Das Schlussszenario ist gleich wie bei jeder anderen Krankheit: Es kommt zur Ausheilung, zur Chronifizierung – oder zum Tod.

Suchtkarrieren enden oft mit frühzeitigem Sterben. Die Lebenserwartung ist bei allen substanzgebundenen Abhängigkeiten verkürzt, bei den Rauchern um sechseinhalb Jahre, bei den Alkoholkranken um 12 bis 15 Jahre, bei Heroin- und Kokainabhängigen wahrscheinlich um eine noch längere Zeit.

Bei jungen Erwachsenen sind Alkohol- und Drogenmissbrauch mit ihren direkten und indirekten Auswirkungen die Todesursache Nummer eins. Allein aus diesem Grund ist die Befassung mit dem Suchtphänomen eine fast lebenswichtige Frage.

Fast immer endet der Suchtprozess in Vereinsamung. Der Süchtige vernachlässigt die sozialen Beziehungen, Freunde und Freundschaften sind ihm nicht mehr wichtig, das Interesse an Events oder Partys geht verloren, Begegnungen mit anderen werden gemieden. Alles tritt hinter das Suchterleben zurück, nichts ist so wichtig wie die Droge. Dem Suchtverhalten wird alles geopfert. Umgekehrt verlieren auch die Mitmenschen ihr Interesse am Süchtigen. Dieser ist für sie immer weniger erreichbar, man spürt, dass Austausch und Gespräche an der Oberfläche bleiben, dass der Abhängige in Gedanken ganz woanders und nie richtig präsent ist und sich nicht mehr auf den anderen einlassen kann. Der Süchtige ist zu einem apathischen, emotional stumpfen, mehr und mehr in seiner Rauschwelt lebenden Individuum geworden. Das Suchtmittel, das ursprünglich Kommunikation und Geselligkeit gefördert, die sozialen Schwellen reduziert und Menschen zusammengeführt hat, baut um den Süchtigen eine immer schwerer zu durchdringende Barriere auf. Das ehemalige Kommunikationsmittel ist nun zu einem Isolationsfaktor ersten Ranges geworden. Der Süchtige interessiert sich nicht für die Welt um ihn herum, und diese ist froh, nichts mehr mit ihm zu tun haben zu müssen.

Die Endstrecke der Sucht besteht in Isolation oder Verbitterung. Die ehemaligen Geschäftsfreunde gehen dem Spielsüchtigen aus dem Weg, weil sie Angst haben, von ihm um finanzielle Unterstützung oder Übernahme einer Bürgschaft gebeten zu werden. Niemand will mit einer anorektischen jungen Frau engeren Kontakt haben, ihr stetes Abmagern erschreckt und macht hilflos. Der Heroinist, nicht mehr in einer Gruppe von gemeinsam konsumierenden Junkies geborgen, setzt sich den Goldenen Schuss auf einer kaum beleuchteten, verschmutzten Bahnhofstoilette. Der Kokainist, der mit seiner Arroganz und Aggressivität alle vertrieben hat, verstirbt durch einen Schlaganfall in einem Hotelzimmer. Keiner kann den Weg des Süchtigen mitgehen, jeder wendet sich instinktiv ab und macht vor dem drohenden Absturz kehrt.

Die Tafelrunde, die ehedem mitgezecht und mitgefeiert hat, will von dem, der die Spielregeln nicht mehr einhalten kann, nichts wissen. Der einstmals fröhliche Zecher und gesellige Unterhalter ist zu einem Störenfried geworden. Sein Problem, die unübersehbar gewordene Sucht, ist ein Stachel, der das große Vergnügen nachhaltig vergällt. »So oft sind wir zusammengesessen, haben gelacht und gefeiert, haben uns zugeprostet und miteinander gesungen«, erzählen mir die Patienten der Entwöhnungsklinik. »So oft haben wir Bruderschaft getrunken und uns Treue bis zum Tod geschworen. Jetzt, wo ich krank geworden bin und Hilfe brauchte, wo ich mich retten will und meine Freunde so sehr benötigte, ist keiner hier. Obwohl alle von meiner Krankheit und meinem Krankenhausaufenthalt wissen, kommt kein einziger auf Besuch …«

Suchtkarrieren enden oft tragisch. In allen Phasen, selbst in den fortgeschrittenen Stadien, hat der Süchtige aber die

Chance, den destruktiven Prozess zu stoppen, den Becher des Zorns zurückzugeben und die Suchtkarriere zu beenden. Dann beginnt die Abstinenzkarriere.

Superstar Alkohol

Kennen Sie, verehrte Leserinnen und Leser, irgendetwas auf dieser Welt, das so viele Eigenschaften und Wirkungen, so viele Funktionen und Bedeutungen hat wie der Alkohol? Alkohol, Freudenspender und »Verelender«, Medizin und Gift, Gefahr und Segen für die Menschheit, Kultur- und Nahrungsmittel, hat seit erdenklichen Zeiten vielfältige Funktionen als Durstlöscher, als Genuss- und Geselligkeitsmittel, als wertvolles Geschenk und wichtiger Wirtschaftsfaktor, als Erwerbsquelle und Kapitalanlage, als Verführer und soziales Schmiermittel, als nahezu universell wirkendes Medikament, aber auch als Gift und Droge. Alkohol wird verherrlicht und verteufelt, besungen und literarisch verehrt, er steht im Mittelpunkt kultischer Handlungen und gilt als kostbare Medizin.

Die Reihenfolge seiner Bedeutungen ließe sich fortsetzen und reicht tief in den zwischenmenschlichen und individuellen Bereich hinein. Was tun wir, wenn wir Geburtstage oder Jubiläen feiern, wenn wir befördert oder bei der Vorrückung nicht berücksichtigt werden, was beim Examensabschluss und der Promotion, was bei der Eheschließung und jedem darauf folgenden Jubelfest? Es gibt überhaupt keinen Anlass, der nicht Grund zum Trinken wäre, und sei es nur, weil wir »so jung nicht mehr zusammenkommen«. Was gönnen wir uns, wenn wir uns selbst belohnen, was ist stets das richtige Geschenk, womit beeindrucken wir Freund und Feind? Was bringt zähe Geschäftsverhandlungen und unbewegliche Gespräche in der Politik wieder in Gang, was muss beim Abschluss von Staatsverträgen und was bei der Feier historischer Anlässe herhalten? Welche Substanz ist, wenn auch in unterschiedlicher Qualität, in Elendsquartieren genauso zu finden wie in marmornen Palästen, was ist bei jeder sozialen Begegnung präsent, und was gibt so vielen Menschen Arbeit?

Es ist Alkohol, eine aus verschiedenen Früchten durch Gärungs- oder Destillierungsvorgänge gewonnene, farblose, leicht entzündliche, stechend riechende Flüssigkeit. Ironischerweise stammt die Substanz aus dem arabischen Raum, der durch das Wirken Mohammeds von einer Alkohol- zu einer Abstinenzkultur geworden ist. *Alkul*, wie dort der Gesichtspuder beziehungsweise die Schminke genannt wurde, bedeutete »das Feinste vom Feinen«. Man könnte meinen, dass Alkohol auch in unserer Gesellschaft das »Beste vom Besten« ist.

Alkohol ist ein vermeintlich durstlöschendes Getränk und hat in unserem Kulturkreis die wichtige Funktion eines Genussmittels. Infolge seines hohen Kaloriengehalts (7,1 kcal/g bzw. 30 kJ/g) gilt er als Nahrungsmittel. Darüber hinaus stellt er aber auch ein Rauschmittel, eine Droge und ein Gift dar, dessen schädliche Auswirkungen sich bei akuter oder chronischer Überdosierung manifestieren. In der Bevölkerung gilt Alkohol als Universalmedizin, etwa als Mittel gegen Grippe und Schlafstörungen, als Appetitanreger und Verdauungsförderer, als wirksame Substanz zur Beruhigung und zur Bekämpfung von nervösen Leiden.

Alkohol ist seit Langem ein wichtiger Bestandteil unserer Kultur und Gesellschaft. Bereits im Gilgamesch-Epos, in altägyptischen Schriften und im Alten Testament wurden alkoholische Getränke wiederholt erwähnt. Der griechische Schriftsteller Plutarch (etwa 45–125) bezeichnete den Wein als »unter den Getränken das Nützlichste, unter den Arzneimitteln das Schmackhafteste und unter den Nahrungsmitteln das Angenehmste«. Alkohol wurde in den antiken Hochkulturen, etwa im Dionysos-Kult, verehrt und als *Aqua vitae*, also als Lebenswasser, als *Balsamus universalis* oder als *Ros solis*, als Sonnentau, gepriesen. Die Medizin hat Alkohol von alters her als Arzneimittel geschätzt, gleichzeitig aber vor den Gefahren gewarnt. Eindrucksvoll geschah dies durch den Reformationsprediger Sebastian Franck, der im Jahr 1532 schrieb: »Wenig getrunken ist gesund und eine Arczeny [...] zuvil ist aber Gyfft.« Von den Abstinenzbewegungen wurde vor der »Branntweinpest« oder der »Ginepidemie« gewarnt und Alkohol als lebensverkürzendes, »flüssiges Feuer« bezeichnet. Der berühmte Psychiater Emil Kraepelin (1856–1926) wies auf die große Kindersterblichkeit in Trinkerfamilien, die Häufigkeit von Nerven- und Geisteskrankheiten und Missbildungen sowie auf die geringe Widerstandsfähigkeit der Trinkerkinder gegen alle möglichen Krankheiten hin. Unter Alkoholeinfluss gezeugte Kinder kämen mit »Anlage zur Lebensschwäche, Fallsucht, Schwachköpfigkeit oder gar Blödsinnigkeit zur Welt«. Das Bild des Alkoholikers reicht im historischen Wandel vom fröhlichen Zecher über den unverbesserlichen Trunkenbold bis hin zum Geisteskranken.

Die chemisch als Ethanol (C_2H_5OH) bezeichnete Substanz enthält eine Reihe von Begleitstoffen, die den verschiedenen alkoholischen Getränken ihre spezifischen Geschmacksqualitäten verleihen. In der industriellen Produktion wird Alkohol aus Kartoffelstärke, zuckerhaltigen Produkten und Sulfidlauge gewonnen. Alkoholerzeugung und -vertrieb stellen einen Wirtschaftsfaktor ersten Ranges dar. Der Jahres-pro-Kopf-Verbrauch von Alkohol ist in Mitteleuropa von etwa zwei Litern 100 Prozent reinen Alkohols im 19. Jahrhundert auf durchschnittlich 12 Liter gestiegen. Umgelegt auf die einzelnen alkoholischen Getränke heißt dies, dass jeder Mitbürger im Jahr durchschnittlich etwa 140 Liter Bier, 25 Liter Wein und Sekt sowie sieben Liter Spirituosen konsumiert.

Sie werden sich vielleicht wundern, in einem Buch über Sucht aus dem Mund eines Alkoholtherapeuten eine derartige Lobeshymne zu hören und sogar an versteckte Subventionen durch eine Bierbrauerei oder großzügige Förderung des Werks durch die Alkoholindustrie denken. Tatsächlich können wir die Bedeutung des Alkohols, seine Sogkraft auf Menschen jeden Alters und Geschlechts, seine faszinierende Wirkung auf Arm und Reich nur verstehen, wenn wir ihn in seiner Gesamtheit, in all seinen Wirkungen und Funktionen zu betrachten versuchen. Wäre Alkohol tatsächlich nur ein Teufelszeug, eine Katastrophe für die Menschheit, hätten wir damit wohl kaum so viele Probleme.

Bei einer Antialkoholiker-Tagung, an der ich vor Jahren teilgenommen habe, verstieg sich der Hauptredner auf dem Höhepunkt seiner Tiraden in Parolen wie: »Alkohol ist schlimmer als konzentrierte Salzsäure …«, oder: »Alkohol ist übelste Jauche.« Während des begeisterten Beifalls der großteils nüchternen Zuhörer habe ich mir überlegt, was der Mann damit wohl meint. Konsum und Missbrauch von Jauche und Salzsäure stellen wohl kein großes Menschheitsproblem dar.

Eine differenzierte Betrachtung ist beim Alkohol schwieriger als bei jeder anderen Droge. Man kann nicht wie bei LSD von einem reinen Rauschmittel, nicht wie bei Heroin von einem Gift mit höchster Suchtpotenz, nicht wie bei Crack von einer zur raschen Verelendung führenden Substanz sprechen. Alkohol ist nicht *nur*, sondern *auch* eine Droge. Dies impliziert, dass ein wesentlicher Teil der Gesellschaft, man spricht von 80 Prozent, mit Alkohol gut umgehen kann, nie Probleme bekommt und nie eine Abhängigkeit entwickelt. Während andere Suchtmittel ausschließlich der Berauschung dienen, wird Alkohol meist aus anderen Gründen und zu anderem Zweck eingesetzt. Es erstaunt deshalb nicht, wenn wir alle zum Alkohol ein äußerst ambivalentes Verhältnis – zwischen bestem Freund und verhängnisvollem Gift – haben.

Wie wirkt Alkohol?

Die Wirkung des Alkohols hängt nicht nur von der Art des Getränks, sondern von der persönlichen Konstitution des Konsumenten, dem sozialen Umfeld während des Trinkens und der Ausgangsstimmung ab. Die individuelle Verträglichkeit ist unterschiedlich. In seltenen Fällen kommt es schon beim Konsum geringer Mengen zu psychisch schwer auffallendem Verhalten, zu sogenannten »abnormen Alkoholreaktionen« oder »pathologischen Räuschen«.

Besonders empfindlich auf Alkohol reagieren Kinder, Personen mit Hirnverletzungen, körperlich und psychisch kranke Menschen, Übermüdete und Erschöpfte sowie Menschen in stark aufgeregtem Zustand. Eine völlig geänderte oder abnorm verstärkte Wirkung kann eintreten, wenn Alkohol gleichzeitig mit Medikamenten, insbesondere mit Psychopharmaka, oder Drogen, genommen wird.

Alkohol wird schon im Mund und dann über den gesamten Verdauungstrakt ins Blut aufgenommen. Rasch verteilt er sich im gesamten Körperwasser und erreicht dort die höchste Konzentration etwa 60 bis 90 Minuten nach dem letzten Schluck. Alkohol kann auch in die Plazenta, somit in den Kreislauf des ungeborenen Kindes, und in die Muttermilch gelangen. Die Alkoholkonzentration des Blutes hängt von der Art und Menge des Alkohols, vom Geschlecht, vom Füllungszustand des Magens und vom Körpergewicht ab. Nach zirka 30 Minuten wird durch die Verteilung im Gehirn eine zunehmende Berauschung ausgelöst.

Alkohol wird in geringem Maße durch die Nieren (ein halbes bis zwei Prozent), durch die Lungen und die Haut (je zirka fünf Prozent), zur Hauptsache aber über die Leber verstoffwechselt und »linear« ausgeschieden, das heißt, die Blutalkoholkonzentration sinkt pro Stunde durchschnittlich um 0,15 Promille. Da die Leber im Stoffwechsel des Alkohols die zentralste Funktion hat, ist sie auch das durch Alkohol am meisten gefährdete Organ.

In zu großen Mengen konsumiert, schädigt Alkohol praktisch alle Organe. Dies beginnt bei bösartigen Erkrankungen des Mundes und der Speiseröhre, die besonders bei Konsumenten harter Getränke auftreten, geht über Lädierungen von Bauchspeicheldrüse und der Leber bis hin zu Schädigungen des Blutes und des Nervensystems. Im Bewusstsein des Volkes ist vor allem die Schädigung der Leber, des mit Alkohol am häufigsten in Verbindung gebrachten Organs, verankert. Ausdrücke wie Leberverfettung und Leberzirrhose sind noch geläufiger als jene des »Bierherzens« oder des »Säuferhirns«. Weitgehend übergangen werden die Auswirkungen des Alkohols auf das Hormonsystem, was unter anderem zu den bei Alkoholkranken häufigen Sexualstörungen beiträgt. Die landläufigen Meinungen vom Potenzspender und Kraftmittel Alkohol sind ebenso relativ wie jene vom »Rotwein, der dem roten Blut guttut«.

Am folgenschwersten wirkt sich Alkohol aber auf das zentrale Nervensystem, auf unser höchst entwickeltes Organ, das Gehirn, aus. Die Palette reicht von vorübergehenden, leichten Funktionsstörungen, wie sie sich im Rausch manifestieren, bis zu schweren Hirnabbausyndromen. Die sich darauf aufpfropfenden psychischen Störungen beginnen mit dem normalen oder einfachen Alkoholrausch. Dieser, uns allen bekannt, hängt ab von der Höhe des Blutalkoholspiegels, von der körperlichen Verfassung, der Struktur der Persönlichkeit, von der momentanen Befindlichkeit sowie dem »Setting«, der äußeren Umgebung während des Rauscherlebnisses. Er ist charakterisiert durch Bewusstseinstrübung, allgemeine Enthemmung, Verlust der kritischen Selbstkontrolle, erhöhte Bereitschaft zu sozialem Kontakt und das subjektive Gefühl der erhöhten Leistungsfähigkeit. Bei schweren Formen kommen Verstimmungszustände wie Euphorie oder aggressive Gereiztheit, Situationsverkennungen, Geh- und Sprechstörungen sowie schließlich Tiefschlaf und Koma hinzu. Die letalen Blutalkoholkonzentrationen liegen bei vier bis acht Promille, der Tod erfolgt durch Herzversagen, Hirnschwellung und Atemstillstand.

Bei abrupter Unterbrechung oder Verringerung der Alkoholzufuhr treten Entzugssyndrome in Form von Schwitzen, Zittern, Übelkeit, Brechreiz, Schwindel, vermehrten Schweißausbrüchen, Gereiztheit, Depressivität und Ängstlichkeit auf – die sogenannten Abstinenzbeschwerden. Die schwerste Form davon ist das Delirium tremens. Dieses schon 1813 erstmals erwähnte Krankheitsbild wird durch Desorientiertheit, Auffassungsstörungen und Sinnestäuschungen charakterisiert. Manchmal setzt ein sogenanntes Beschäftigungsdelirium ein, das heißt, der Kranke übt in seinem verwirrten Zustand monotone Handgriffe oder Abläufe aus seinem Beruf aus: Der delirierende Schreiner macht Hobelbewegungen, der Schuster hämmert, der Zimmermann stemmt. In meinem Krankenhaus wurde einmal ein Internist behandelt, der einen schweren Alkoholentzug entwickelte. In einem unbemerkten Moment gelang es ihm, ganz von deliranter Unruhe getrieben, die Station zu verlassen. Er verirrte sich auf eine weit abgelegene Pflegestation, wo er in verwirrtem Zustand läutete und behauptete, er müsse hier einen Patienten internistisch untersuchen. Da dort gerade ein Konsiliararzt erwartet wurde, führte man ihn zum Bett eines Patienten, wo er sofort begann, mit imaginären Geräten Blutdruck zu messen und Reflexe abzuklopfen.

Der Übergang vom Alkoholmissbrauch zur Abhängigkeit ist ein prozesshaftes, in Phasen ablaufendes Geschehen. In der Vorläuferphase kommt es zum heimlichen Trinken, zu dauerndem Denken an Alkohol, zu Schuldgefühlen und zu typischen Erinnerungslücken. Diese werden im Volksjargon als Filmrisse und Blackouts, in der Fachsprache als Palimpseste bezeichnet. Darunter versteht man eigentlich altägyptische Papyrusrollen, deren ursprüngliche Beschriftung weggewischt wurde, um sie noch einmal verwenden zu können. Die zurückbleibenden blassen Spuren und Umrisse der ursprünglichen Schrift geben ein ähnliches Bild wie jenes der nicht kompletten Amnesie. Die Erinnerungslücke führt dazu, dass der Betrunkene nicht mehr weiß, in welchem Gasthaus er am Vorabend gewesen ist, ob er die Zeche bezahlt hat und wie er nach Hause gekommen ist.

Die kritische Phase beginnt beim Auftreten der Kontrollverluste. Es häufen sich die Räusche, das Benehmen wird großspurig und aggressiv, es kommt zur Vernachlässigung der eigenen Person und der Familie, es stellen sich ungünstige Änderungen im sozialen Verhalten ein. In der chronischen Phase dominieren verlängerte, tagelang dauernde, »aufgewärmte« Räusche und ethischer Abbau. Spätestens in diesem Stadium treten starke körperliche Folgen auf, die beim Alkohol stärker ausgeprägt sind als bei allen übrigen Suchtmitteln, selbst stärker als bei Heroin und Kokain. Im Vordergrund stehen Erkrankungen der Leber wie Fettleber und Leberzirrhose. Aber auch das blutbildende System, das Herz, die Speiseröhre und der Magen sowie die Bauchspeicheldrüse werden in Mitleidenschaft gezogen. Fatal wirkt sich Alkohol auf das Nervengewebe aus, bei höheren Dosen kommt es zu einem irreversiblen Abbau der Gehirnzellen und der peripheren Nerven.

Außer den körperlichen und psychischen Folgen lassen sich soziale Probleme nicht vermeiden. Neben dem vor allem betroffenen Familienleben sind Schwierigkeiten am Arbeitsplatz mit Kündigung, Verlust der Freunde und allgemeiner sozialer Abstieg die Folge. Besonders tragische Verläufe enden in Alkoholdemenz, die Patienten müssen dann auf Dauer in Anstalten untergebracht werden.

Auch bei Nichtsüchtigen bildet Alkohol die Hauptursache mannigfacher Probleme, etwa Verkehrs- und Arbeitsunfälle oder kriminelle Handlungen, die in alkoholenthemmtem Zustand verübt wurden. Im Straßenverkehr macht sich das Unterschätzen der Wirkung des Alkohols auf die eigene Leistungsfähigkeit in verhängnisvoller Weise bemerkbar. Der Autofahrer ist bei leichten bis mittleren Alkoholkonzentrationen nicht mehr in der Lage, den Anforderungen der Mehrfachtätigkeit nachzukommen, die das Führen eines Kraftfahrzeugs darstellt. Bei Lenkern mit einem Blutalkoholspiegel von einem halben Promille verdoppelt sich die Gefahr für Verkehrsunfälle mit schweren und tödlichen Verletzungen, bei einem Promillegehalt von 0,8 liegt sie um ein Vierfaches, bei eineinhalb Promille um ein 16-Faches höher als bei Nüchternen. Alkohol gilt als Hauptursache von 20 bis 30 Prozent aller tödlichen Verkehrsunfälle. Ein Drittel aller Haushaltsunfälle und nahezu die Hälfte aller Arbeitsunfälle werden auf Alkohol zurückgeführt.

Wer ist alkoholgefährdet?

Während der Großteil der Bevölkerung mit Alkohol problemlos umgehen kann, bekommen etwa zehn bis 15 Prozent der Erwachsenen irgendwann einmal in ihrem Leben durch Alkohol ernste Schwierigkeiten, sei es durch Trunkenheit am Steuer, durch partnerschaftliche oder berufliche Probleme oder durch erste gesundheitliche Störungen. Etwa drei Prozent unserer Bevölkerung – also ungefähr zweieinhalb Millionen Personen in Deutschland und je 250 000 in Österreich und der Schweiz – sind alkoholkrank, womit Alkoholismus nach den Herz-Kreislauf- und Krebserkrankungen die drittgrößte Krankheitsgruppe darstellt und innerhalb der Süchtigen zahlenmäßig den mit Abstand größten Anteil bildet.

Den Alkohol kann man so wie jede Droge sinnvoll gebrauchen, man kann ihn vorübergehend oder auf Dauer missbrauchen, und man kann von ihm abhängig werden. Die Gefährdung für Missbrauch und Sucht hängt von der spezifischen Wirkung des Suchtmittels, von den Eigenschaften des konsumierenden Menschen und den Besonderheiten seines Umfeldes ab. Die persönliche Disposition im körperlichen und psychischen Bereich ist ebenso von Bedeutung wie die Griffnähe des Suchtmittels, die bei uns nahezu universell ist.

Alkoholprobleme können alle Altersstufen, sozialen Schichten und Berufsgruppen betreffen. Neben dem häufig angeprangerten Jugendalkoholismus haben sich zuletzt Alkoholprobleme bei älteren Menschen und bei Frauen stark verbreitet. Jahrhundertelang war der Alkoholgenuss, insbesondere die Berauschung, ein Privileg des Mannes. Während schäumendes Bier und zünftige Räusche gerade das Wesen eines »g'standenen Mannsbildes« ausmachten, galt das Trinken bei Frauen als verpönt – wie es im Volksmund heißt: »Es gibt nichts Schlimmeres als ein betrunkenes Weib«. Zwischenzeitlich hat sich nicht nur das Trinkverhalten der Frauen, sondern – zumindest ein Stück weit – auch die Einstellung der Gesellschaft geändert.

Missbrauchsfördernde Faktoren sind bei Frauen die Mehrfachbelastungen durch die Mutterrolle, Haushalt und Beruf, die oft fehlende Anerkennung und die soziale Ungleichbehandlung. Der immer greifbare Helfer wird von erschöpften oder depressiven Frauen vermehrt als Psychopharmakon genutzt. So betrug das Verhältnis alkoholkranker Frauen zu Männern im Jahr 1900 noch 1:30, im Jahr 1950 1:20, 1960 bereits 1:10. Heute liegt es bei 1:3. Die weibliche Bevölkerung hat sich emanzipiert, leider auch in Bezug auf das Trinken.

Der Frauenalkoholismus weist einige Besonderheiten auf. Frauen greifen von Anfang an vornehmlich zu harten Getränken und bleiben meist bei Wein oder Spirituosen, was zu einer raschen Krankheitsentwicklung und zu schnell auftretenden körperlichen Folgeschäden führt. Alkoholikerinnen verheimlichen ihren Konsum sehr lange, wodurch Hilfsmaßnahmen meist erst in einem fortgeschrittenen Stadium einsetzen. In den letzten Jahren haben regelmäßiger Alkoholkonsum und gefährdende Trinkgewohnheiten bei Jugendlichen eindeutig zugenommen, etwa das *Binge-Drinking*, das »Saufen bis zum Umfallen«. Die Anfälligkeit für derartige Moden wird von der Getränkeindustrie durch gezielte Werbung, wonach Alkohol zum jugendlichen Lebensstil gehöre, und durch die Produktion spezieller Getränke, sogenannter »Alkopops«, die die in diesem Alter noch gegebene Vorliebe für Süßes und die Lust nach der Droge kombinieren, gefördert.

Der Trend zu einem frühzeitigen und riskanten Konsum von Zigaretten, Alkohol und Rauschgiften ist unverkennbar. Nach verschiedenen Untersuchungen haben mehr als 90 Prozent der 15-jährigen Alkohol probiert, 30 Prozent trinken mindestens einmal pro Woche, und etwa 35 Prozent geben an, schon mindestens zweimal betrunken gewesen zu sein. Vier Prozent der Jugendlichen sind alkoholsüchtig. Regelmäßiger Alkoholkonsum vor dem 15. Lebensjahr ist mit einer erhöhten Rate an Unfällen, Kriminaltaten und Suiziden verknüpft. Als besonders gefährdet gelten Kinder und Jugendliche mit Entwicklungsstörungen und solche, die mit den Anforderungen des Lebens überfordert sind, ebenso arbeitslose oder gesellschaftlich nicht integrierte junge Menschen. Klar erwiesen ist das erhöhte Risiko von Kindern aus familiär problematischen Verhältnissen, vor allem aus Alkoholikerfamilien, und – derzeit ein aktuelles Problem – junge Flüchtlinge und Migranten sowie schlecht integrierte Gastarbeiterkinder.

Auch einige Berufe heben die Gefahr der Alkoholgewöhnung an. Zu den klassischen Risikoberufen gehören jene, deren Ausübung mit großer Hitze oder mit ständiger Staubexposition (Durstberufe) verbunden ist, ferner auch die typischen Stressberufe sowie Tätigkeiten in der Alkohol verarbeitenden und vertreibenden Industrie.

Kritisch wird der Alkoholkonsum immer dann, wenn man bei psychischen oder sozialen Spannungen nach Alkohol greift, wenn man in belastenden Lebenssituationen glaubt, ohne Alkohol nicht mehr zurechtzukommen, wenn man sich erst nach einem »Schluck« ausgeglichen und wohl fühlt, wenn man ohne Alkohol nicht fröhlich und gesellig sein kann und wenn »mäßig, aber regelmäßig« getrunken wird.

Wann ist jemand alkoholkrank?

Alkoholkrank wird man nicht von heute auf morgen. Der Alkoholgenuss dauert oft über Jahre an, ohne dass es zu Problemen kommt oder Krankheitsanzeichen sichtbar werden. Besonders der Gewohnheits- und Spiegeltrinker beginnt unauffällig zu trinken, behält jahrelang die Kontrolle über die Trinkmenge und weist erst spät Schädigungen auf.

Alkoholkrank und behandlungsbedürftig ist derjenige, bei dem mindestens eines der folgenden Merkmale vorliegt:

- Wer bereits nach Aufnahme einer kleinen Menge Alkohol ein unbezähmbares Verlangen nach mehr verspürt.

- Wer nicht mehr in der Lage ist, mäßig und kontrolliert zu trinken.
- Wer das Trinken nicht von selbst aufgeben kann.
- Wer zunehmend auf größere Mengen von Alkohol und von schwachen auf stärkere Getränke übergeht.
- Wer bei äußeren Belastungen oder seelischen Spannungen Alkoholverlangen verspürt.
- Wer anfängt, heimlich und allein zu trinken.
- Wer sich sogenannte »Trinkeralibis« verschafft.

Die Alkoholkrankheit zeigt sich in unterschiedlicher Form. Der bekannte Alkoholforscher Elvin Morton Jellinek (1890–1963) hat eine inzwischen weit verbreitete und allgemein anerkannte Typologie des Alkoholismus vorgenommen:

Beim *Konflikttrinken (Alpha-Alkoholismus)* wird Alkohol bei Belastungen und Problemen zur Erleichterung und Entspannung eingesetzt. Er dient der Stimmungsregulierung und der Verbesserung der Befindlichkeit.

Beim *Gelegenheitstrinken (Beta-Alkoholismus)* erfolgt der Konsum meist unregelmäßig, vornehmlich am Feierabend und Wochenende. Das Trinken wird durch äußere Umstände, durch Beruf und Milieu begünstigt. Trinken nach Dienstschluss oder vor dem Fernseher gehört hierher. Es besteht die Gefahr der Gewöhnung und der organischen Schädigung (Leberverfettung), ohne dass wirklich körperliche und psychische Abhängigkeit entsteht.

Das zentrale Kennzeichen des *süchtigen Trinkens (Gamma-Alkoholismus)* ist der Kontrollverlust. Nach den exzessiven Berauschungen kann der süchtige Trinker Tage und

Wochen ohne Alkohol auskommen. Wenn er dann jedoch eine kleine Menge konsumiert, verliert er häufig die Kontrolle über den Konsum und trinkt weiter bis zum Vollrausch.

Der *Gewohnheits-* oder *Spiegeltrinker (Delta-Alkoholismus)* nimmt kontinuierlich größere Alkoholmengen zu sich. Sein Trinkverhalten ist gekennzeichnet durch fehlende Berauschungen, aber auch durch Unfähigkeit zur Abstinenz. Gewohnheitstrinker, die regelmäßig viel konsumieren, sind häufig in alkoholgefährdeten Berufen zu finden. Sie trinken jeden Tag, weisen ständig einen mehr oder minder hohen Alkoholspiegel auf, sind aber kaum jemals völlig betrunken. Dominierend ist die körperliche Abhängigkeit ohne Kontrollverluste.

Quartalstrinker (Epsilon-Alkoholismus) leben über Wochen und Monate völlig abstinent, verspüren aber phasenhaft und zeitlich begrenzt ein unwiderstehliches Verlangen nach Alkohol. Sie trinken dann über Tage hinweg bis zum körperlichen Zusammenbruch. Während dieser Trinkepisoden geht die Kontrolle völlig verloren.

Jede chronische Suchterkrankung, so auch der Alkoholismus, führt zu zunehmenden sozialen Schwierigkeiten, zu gesellschaftlichem Außenseitertum und in letzter Konsequenz zur Isolation. Es kommt zunehmend zu partnerschaftlichen und familiären Problemen, erhöhten Scheidungszahlen, zum Verlust des Arbeitsplatzes, zu vorzeitiger Invalidisierung und Wohnungsproblemen sowie zu gestörtem Straßenverkehrs- und Rechtsverhalten mit allen Konsequenzen. Das Interesse am realen Leben, am Beruf, an den familiären und gesellschaftlichen Beziehungen lässt nach, weshalb der Alkoholkranke – wenn die Familie nicht zu ihm steht – vereinsamt und zum Außenseiter wird.

Falls der Alkoholismus nicht rechtzeitig behandelt wird, endet er tragisch. Er führt zu körperlichem und psychischem Verfall, zu Berufsunfähigkeit, sozialer Isolierung und Alkoholdemenz. Die Selbstmordrate der Alkoholkranken liegt etwa 20-mal höher als die der Normalbevölkerung. Chronische Alkoholiker, die ihre Sucht nicht unterbrechen, haben eine um 15 Jahre verminderte Lebenserwartung. Alkoholgefährdung und -krankheit können als komplexe Geschehnisse nicht von Art und Menge des täglichen Konsums abhängig gemacht werden. Entscheidend ist, dass man die Kontrolle über das Trinken nicht verliert und ohne Willensanstrengung jederzeit auch über längere Phasen hinweg auf Alkohol verzichten kann. So ist die beste Alkoholprävention das Einlegen von Abstinenztagen, die mindestens so häufig sein sollten wie jene der Tage mit Konsumation. Eine der besten vorbeugenden Maßnahmen gegen die Entwicklung von Alkoholproblemen stellt die jährliche Alkoholabstinenz für vier bis sechs Wochen dar. Dadurch kann sich der Körper entgiften und die Toleranzentwicklung läßt sich stoppen, das heißt, ein möglicherweise anrollender Suchtmechanismus wird rechtzeitig unterbrochen.

»Die frohe Botschaft vom gesunden Wein«

Die gesundheitlichen Effekte des Alkohols, welcher zwar kein Medikament darstellt, aber medizinische Bedeutung hat, ist ambivalent. Auf der einen Seite kann moderater Alkoholkonsum – darunter versteht man 10 bis 30 Gramm pro Tag – bei Herz- und Gefäßerkrankungen vorbeugend wirken. Auf der anderen Seite erhöht mäßiges Trinken das Risiko für entzündliche und bösartige Erkrankungen der Verdauungsorgane. Man könnte vereinfacht sagen, dass mäßiger Konsum das Mortalitätsrisiko – also die Gefahr, zu sterben – etwas senkt, hingegen die Morbiditätsrate – das Risiko für Erkrankungen – deutlich erhöht.

Die protektive Wirkung moderaten Trinkens bezieht sich ausschließlich auf das Herz und die Gefäße, bei allen anderen Organen treten schädigende Effekte auf. Was nützt ein gesundes Herz, wenn Leber und Blut nicht mehr funktionieren oder die Nervenzellen irreversibel geschädigt werden?

Bezüglich des »gesunden Achterls« oder des nützlichen Glases Bier sind keine allgemeinen Empfehlungen möglich. Alkoholkonsum ist immer mit einem gewissen Risiko verbunden. Die Wissenschaft hat sich bemüht, für gesunde Menschen risikoarme Maximaltrinkmengen zu ermitteln. Nach diesen sollten Frauen pro Tag nicht mehr als zehn Gramm Alkohol – das entspricht einem Viertel Wein oder einem kleinen Bier – und Männer nicht mehr als 20 Gramm Alkohol pro Tag trinken. Die früher angegebene »Lebergrenze«, nach welcher die Schwellendosis für schädlichen Konsum erst bei 40 Gramm, also zwei großen Bieren, beginne, gilt heute als zu hoch.

Wie kann man sich einen problemlosen Konsum bewahren?

Für die meisten ist es illusorisch, in einer Alkoholkultur völlig abstinent zu leben. Wir sind alle keine Antialkoholfanatiker und keine Abstinenzapostel. Es geht um den kultivierten, genussvollen Umgang mit Alkohol. Genuss ist das Gegenteil von Sucht. In meiner langjährigen Tätigkeit als Alkoholtherapeut habe ich über 10 000 Patienten behandelt. Darunter war fast nie ein wirklicher Weinkenner, was beweist, dass kultivierter Umgang mit der Droge Alkohol keine große Suchtgefahr bedingt. Eine Sage über die Gründung der kaiserlichen Weinberge in Prag im Jahr 1358 mag belegen, worum es geht: Der zu Besuch kommende Ungarnkönig Ludwig ließ an die Prager Bürger mehrere Wagenladungen Wein ausschenken. Da diese mit der Wirkung nicht vertraut waren, berauschten sie sich fürchterlich. Daraufhin hat Karl IV. in Prag Wein anpflanzen lassen, damit so etwas nie mehr wieder vorkomme und »sich die Menschen an diese gefährliche Waffe gewöhnen können«.

Damit wir auch in Hinkunft nur die Vorteile des Alkohols genießen und nie dessen böse Seite kennenlernen müssen, darf ich Ihnen einige hilfreiche Einstellungen und Verhaltensweisen für einen gekonnten Umgang mit Alkohol nennen:

- Bewusster Alkoholkonsum setzt bei jedem Einzelnen eine Selbstreflexion voraus.
- Alkoholkonsum sollte nicht die Regel, sondern die Ausnahme sein.

- Neben einer Trinkkultur sollte auch eine Abstinenzkultur entwickelt werden.
- Auch eine alkoholfreie Lebenskultur kann genussvoll sein.
- Gelegentlich sollte eine Kosten-Nutzen-Bilanz beziehungsweise eine Standortbestimmung bezogen auf das eigene Verhalten vorgenommen werden.

Und hier noch ein paar Vorschläge für risikoarmes, genussvolles Trinken, die selbstverständlich nur für Nichtsüchtige gelten:

- Alkohol ist bekömmlicher, wenn viel Wasser dazu getrunken wird.
- Trinken Sie Alkohol nur, wenn Sie sich gut fühlen.
- Trinken Sie Alkohol nicht primär gegen den Durst.
- Trinken Sie Alkohol nicht bei jeder sich bietenden Gelegenheit.
- Trinken Sie grundsätzlich weniger Alkohol als Sie glauben, vertragen zu können.
- Trinken Sie Alkohol zum Genuss in kleinen Einheiten.

Alkohol hat Religionsgründer und Politiker, Künstler und Philosophen, Soziologen und Wirtschaftsbosse, Kriminalisten und Therapeuten gleichermaßen beschäftigt. Der Zugang zum Phänomen Alkohol ist unendlich vielfältig, die Aspekte von Gebrauch, Rausch und Sucht sind niemals auszuschöpfen. Ob wir es wollen oder nicht: Alkohol ist *die* Droge unserer Kultur, sie lässt sich aus unserem gesellschaftlichen und wirtschaftlichen Leben nicht wegdenken. Alkohol hat eine lange Tradition und wird eine sichere Zukunft haben.

Cannabis: Die Härte der weichen Drogen

Mit der Droge Cannabis tun sich fast alle schwer: Ideologen und Politiker, Pädagogen und Therapeuten, Juristen und Kriminologen stehen vor demselben Dilemma. Einerseits ist Cannabis tatsächlich eine Droge, deren Auswirkungen lange Zeit nicht frei von Weltanschauungen diskutiert werden konnten, deren tatsächliches Schädigungspotenzial aber durch neuere Forschungsergebnisse unzweifelhaft belegt wird. Andererseits haben die Erfahrungen mit Cannabis unter den jungen Menschen in den letzten 10 bis 20 Jahren direkt quantensprungartig zugenommen, sodass Haschisch und Marihuana nun nicht mehr etablierte Freizeit-, sondern sogar Alltagsdrogen geworden sind. Die Argumente, wonach Cannabis ein uraltes Heilmittel und eine geradezu gesunde Substanz sei, haben in dieser Situation ebenso wenig Gewicht wie die Forderungen nach noch mehr Restriktion und Verschärfung der diesbezüglichen Gesetzgebung. Kein vernünftiger Mensch wird angesichts des klaren Zusammenhangs zwischen Cannabismissbrauch und vermehrtem Auftreten von Psychosen von Unbedenklichkeit reden. Genauso wenig wäre es aber vernünftig, die zahlreichen jungen Menschen mit Cannabiserfahrung zu kriminalisieren und das weit verbreitete Phänomen allein mit den Mitteln des Strafrechts zu bekämpfen.

Bei dem oft angeführten Argument, wonach Cannabis viel weniger gefährlich sei als Alkohol, scheiden sich die Geister schon an den unterschiedlichen Funktionen. Während Alkohol, wie erörtert, unzählige andere Wirkungen hat und großteils aus anderen Gründen als jenem der Berauschung konsumiert wird, erfolgt der Cannabiskonsum fast ausschließlich wegen seines psychotropen Effekts. Zudem hat gerade das Beispiel Alkohol gezeigt, wozu völlige Freigabe führt und wie schwierig es ist, eine einmal kulturell und gesellschaftlich etablierte Substanz auch nur schrittweise zu reglementieren. Man denke an die langjährige Diskussion über die Promillegrenze im Straßenverkehr oder die derzeitigen Schwierigkeiten bei der Formulierung sinnvoller Schutzbestimmungen für die Jugend.

Vor- und Nachteile der Cannabinoide und die reichlich bekannten politisch-ideologischen Überlegungen zum richtigen Umgang mit Cannabis sollen nun nicht ein weiteres Mal wiederholt werden. Tatsächlich ist Cannabis ein Rausch- und Suchtmittel, hat aber wie jede andere Droge auch medizinisch-therapeutische Wirkungen. Tatsache ist außerdem, dass Cannabis in vielen Bereichen weniger Gefahren in sich birgt als andere Drogen, dass es etwa unvergleichlich weniger Organschäden hervorruft als Alkohol oder Schmerztabletten. Es geht auch nicht um den Probier- und Gelegenheitskonsum. Bedenklich ist vielmehr die Einnahme größerer Mengen, die sehr wohl beträchtliche psychische Schäden hervorrufen können, wie die drei folgenden Geschichten belegen:

Ein Student höheren Semesters erklärte sich auf hartnäckiges Drängen und Betteln seiner Eltern bereit, mit mir ein Beratungsgespräch wegen seines seit Jahren bestehenden Cannabismissbrauchs zu führen. Die lange Studiendauer, der in immer weitere Ferne rückende Abschluss sowie das von Interesselosigkeit, Unbestimmtheit und einer gewissen Ziellosigkeit geprägte Verhalten ihres Sohnes hatten bei Vater und Mutter Sorge hervorgerufen. Der nicht mehr ganz junge Mann erschien bei mir mit zwei dicken Aktenordnern, in denen die neuesten Studien zum Thema Cannabis abgelegt waren. Er zeigte in der Diskussion ein enormes Wissen über die Droge und erwies sich im Gespräch als außerordentlich beschlagen. Ich konnte von ihm einiges lernen. Hingegen mochten ihn meine Einwendungen und Überlegungen in keiner Weise zu überzeugen. Den ins Treffen gebrachten Motivationsverlust von Cannabiskonsumenten begründete er mit schon vorher bestehenden Verhaltens- und Persönlichkeitsstörungen, das gehäufte Auftreten von Psychosen führte er auf Veranlagung zurück. Seine eigene Lebensuntüchtigkeit hatte, so war er fest überzeugt, nicht das Geringste mit dem Genuss von Cannabis zu tun. Im Gegenteil, nur mit Cannabis fühlte er sich wach, wohl, aktiv und leistungsfähig. Nach zwei Stunden intensiver und, ich muss dies wiederholen, außerordentlich lehrreicher Diskussion gingen unsere Meinungen und wir beide ohne Feindschaft auseinander.

Vier Monate später habe ich den jungen Mann auf der psychiatrischen Überwachungsstation als Patient wieder getroffen. Dorthin war er, abgemagert und verwahrlost, vom Amtsarzt zwangsweise eingewiesen worden, nachdem er in seiner von innen verschlossenen Wohnung stundenlang laut um Hilfe gerufen hatte.

Was war vorgefallen? Er habe zur zügigeren Abwicklung seines Studiums mehr Kraft und Energie benötigt und deswegen zum altbewährten Mittel, seinen Joints, gegriffen. Er habe Cannabis gebraucht, um sich konzentrieren zu können, um den Druck auszuhalten und einen freien Kopf zu bekommen. Vor dem PC befiel ihn plötzlich das Gefühl, von zahlreichen Bildern überrollt und durchdrungen zu werden. Er spürte, wie Millionen und Abermillionen Bytes durch seine Gefäße rauschten, sich in seinem Hirn zusammenballten und ihn zu einem Teil des Netzes machten. Er konnte sich nicht mehr befreien, war wie von elektrischen Fesseln an den Platz vor dem Bildschirm fixiert, erlebte mit entsetzlichen Schmerzen und Hitzegefühlen das immer höhere Tempo der Informationen, das Rasen in seinen Gefäßen und Nerven, und fühlte sich elektronisch gelähmt. Erst die auf sein Schreien hin verständigte Polizei befreite ihn aus der schwierigen Lage. Der Amtsarzt stellte eine psychotische Störung mit Leibhalluzinationen, Verlust der Selbstbestimmung, Aufhebung der Ich-Grenzen und Panik fest.

Eine 19-jährige Hilfsarbeiterin, welche seit dem 16. Lebensjahr regelmäßig Cannabis rauchte und in der Drogenszene verkehrte, war von ihrem kokainsüchtigen Freund schwanger geworden. Sie brachte einen gesunden Jungen zur Welt und war diesem eine fürsorgliche, liebevolle Mutter. Nachdem sie sich vom Kindesvater wegen dessen kokainbedingter Gewalttätigkeit getrennt hatte, musste sie als Alleinerzieherin für das

Kind sorgen. Vom Jugendamt, welches Kind und Mutter regelmäßig kontrollierte, wurde nicht nur bestätigt, dass das Kind gut gepflegt war und sich normal entwickelte, sondern auch die anhaltende Drogenfreiheit der Mutter ausführlich gewürdigt.

An einem Faschingsmontag beschloss die junge Frau, als der inzwischen einjährige Bub gerade eingeschlafen war, einmal für eine Stunde auszugehen. Sie wusste, dass der Nachmittagsschlaf des Kindes regelmäßig zwei bis drei Stunden dauerte, und plante fest, rechtzeitig zurück zu sein. Sie suchte eine ihrer früheren Kneipen auf, bekam von einem alten Bekannten einen Joint angeboten und sagte nicht Nein. Sie wollte abschalten, einmal ganz entspannen, sich für kurze Zeit etwas Gutes tun. Es folgte ein weiterer Joint, sie blieb bis tief in die Nacht im Lokal, wollte immer wieder heimgehen, hatte aber das Gefühl, dies noch etwas hinausschieben zu können. Die Zeit, so sagte sie, sei stehen geblieben, sie habe gewusst, dass das Kind erwacht sei, aber keinen Antrieb aufgebracht, dieses aufzusuchen. Sie nächtigte bei jemandem aus ihrer alten Clique, rauchte weiter Cannabis, hatte ein schlechtes Gewissen, war aber gleichzeitig ruhig und zufrieden. So ging es einige Tage dahin. Als sie sich am Donnerstag endlich aufraffen konnte, in die Wohnung zurückzukehren, war das Kind verhungert.

Die dritte Geschichte ist weniger spektakulär als die vorausgehenden, dafür viel alltäglicher.

Eine Mutter erscheint in der Sprechstunde und macht sich große Sorgen um ihren Sohn. Dieser habe sich gut entwickelt, sei ein aufgewecktes Kind gewesen, habe gute Schulleistungen erbracht und zu großen Hoffnungen Anlass gegeben. Er habe ihr nie Kummer bereitet. In der sechsten Gymnasialklasse habe er sich nach einem USA-Aufenthalt verändert, habe nicht mehr so viel gelacht wie früher, habe nachdenklich und ernster gewirkt, sich zurückgezogen und seine Interessen gewechselt. Er habe sich die meiste Zeit mit Lesen, Spielen und Fernsehen beschäftigt, habe sich in seinem Zimmer eingeschlossen und sei nur noch zum Essen gekommen. Aus der Schule wurde über Fehlzeiten und einen Leistungsknick berichtet. Zu den früheren Freunden habe er keinen Kontakt mehr gehabt, vermehrt seien aber wildfremde Personen zu ihm auf Besuch gekommen. Nach mehreren Aussprachen habe er den Eltern gelegentlichen Cannabiskonsum gestanden, habe aber überzeugend argumentiert, dass er nur leichtere Joints rauche, die Drogen im Griff habe und jederzeit ohne Probleme damit aufhören könne. Er sei ein strikter Gegner harter Drogen und würde nie Pillen, Heroin oder Kokain nehmen. Tatsächlich meide er auch nahezu jeden Alkoholkonsum.

Nachdem er das Interesse am Lernen verloren und neue Lebensziele formuliert habe, sei es zum Schulabbruch gekommen. Seither versuchen die Eltern vergeblich, ihn zu einer neuen Ausbildung oder zur Arbeitsaufnahme zu bewegen. Ihr Sohn fühle sich dazu, dies behaupte er seit fast zwei Jahren, noch nicht reif. Er halte sich fast nur in seinem Zimmer, das einer Müllhalde gleiche, auf. Im Prinzip wisse niemand, was er tue. Kein Mensch könne ihn beeinflussen oder motivieren, er sage nur, er brauche Zeit, er sei mit seinem Leben zufrieden, er mische sich auch nicht in die Dinge anderer Personen ein. Sie, der Vater, die Geschwister, alle Freunde und die früheren Lehrer seien ratlos. Solle man den Sohn verkommen lassen, sei es verantwortbar, ihm die finanzielle Unterstützung zu entziehen? In ihrer Verzweiflung habe sie sich schon überlegt, ihn in die Psychiatrie einweisen zu lassen, dann würde er aber wohl endgültig zerbrechen.

Die Fragen und Zweifelsäußerungen der Mutter werden von einem heftigen Weinanfall durchbrochen. Sie seien früher eine so glückliche Familie gewesen, jetzt seien alle mit den Nerven am Ende. Ein angeblich so harmloses Kraut habe alles kaputt gemacht: »Können Sie sich vorstellen, was in einer Mutter vorgeht, wenn sie ihr Kind hilflos zugrunde gehen sieht?«

Cannabis ist in Europa die mit Abstand am häufigsten konsumierte illegale Droge. Ein Drittel der Jugendlichen und jungen Erwachsenen hat Cannabis schon einmal, die Hälfte davon schon mehr als fünfmal probiert. Fast jeder fünfte Europäer nimmt in seinem Leben irgendwann Cannabis. Cannabis stellt tatsächlich ein uraltes Heilmittel dar. Seine medizinische Anwendung wurde erstmals im Jahr 2737 v. Chr. in China beschrieben. Die Droge hat seit den 1960er-Jahren eine weltweite Verbreitung erfahren und ist in fast allen Industrieländern das am meisten verbreitete illegale Suchtmittel. So ist in den USA von einer neuen »Marihuana-Epidemie« die Rede, deren Ende noch nicht abzuschätzen sei.

Cannabinoide sind eine komplexe Mischung psychoaktiver Substanzen, welche aus der weiblichen Hanfpflanze (Cannabis sativa) gewonnen werden und als hauptsächlichen psychoaktiven Bestandteil das 9-Tetrahydrocannabinol (THC) enthalten. Marihuana mit einem THC-Gehalt von einem halben bis fünf Prozent wird aus den getrockneten und zerkleinerten Blütenspitzen und Blättern hergestellt, Haschisch, dessen THC-Gehalt zwischen zwei und 20 Prozent beträgt, hingegen aus dem getrockneten Cannabisharz sowie den gepressten Blüten. Haschischöl, eine besonders konzentrierte Cannabiszubereitung, kann zwischen 15 und 50 Prozent THC enthalten. Neben dem 9-Tetrahydrocannabinol enthält Cannabis etwa 400 Substanzen, die sich beim Rauchen in über 2000 Stoffe aufteilen. Inhaliertes THC gelangt innerhalb kürzester Zeit über die Lungen in den Blutkreislauf und somit ins Gehirn. Pharmakologische Effekte können bereits nach wenigen Sekunden wahrgenommen werden.

Die Wirkung des Cannabis hängt von der Zusammensetzung der Substanz, von der Situation, in der geraucht wird, von der Art der Einnahme und der Persönlichkeit des Konsumenten ab. Anfangs tritt meist eine leichte Benommenheit ein, die in Müdigkeit übergehen kann. Viele Konsumenten beschreiben das Gefühl, unter Cannabis »logischer« denken zu können. Bei höheren Dosen werden akustische und optische Reize, Farb- und Lichteindrücke, Rhythmus und Musik anders wahrgenommen. Negative Umweltreize wie Schulsorgen, Probleme am Arbeitsplatz oder Liebeskummer werden ausgeschaltet, das allgemeine Wohlbefinden ist im »High-Sein« gesteigert. Im späteren Verlauf wird der Haschischraucher besinnlich und beschaulich, die Fantasie verstärkt, die Zeit gedehnt. Minuten werden oft wie Stunden wahrgenommen, der

Raucher fühlt sich im Raum frei und gelöst. Bei angehobener Stimmungslage ist die Kommunikation erleichtert und die Kritikfähigkeit reduziert. Die oft eintretende überschäumende Fröhlichkeit wird manchmal von Depressivität, Ängstlichkeit, ja sogar von Verfolgungsgefühlen abgelöst. Bei höheren Dosen wird das Denken unpräzise, die Rede oberflächlich und das Verhalten antriebslos. Die psychischen Wirkungen hängen eindeutig von der Dosis ab, setzen beim Rauchen nach wenigen Minuten ein und dauern bis zu vier Stunden.

Chronischer Cannabisgebrauch wirkt sich negativ auf das Atmungssystem, den Magen-Darm-Trakt, das Herz-Kreislaufsystem sowie die hormonellen Organe aus. Die möglichen Schädigungen des genetischen Codes werden kontrovers diskutiert, ebenso die Auswirkungen auf das ungeborene Kind. In der Frage, ob chronischer Cannabiskonsum zu vorzeitigem Tod führe, müssen vor allem die indirekten Effekte, nämlich Unfälle und Gewalt im Drogenmilieu, berücksichtigt werden.

Nach wie vor wird heftig darüber debattiert, ob Cannabis eine *Trigger-Substanz* für die Einnahme anderer (härterer) Suchtmittel darstellt, das heißt, ob Cannabiskonsumenten eher zu härteren Drogen greifen als Unerfahrene. Nach heute geltender wissenschaftlicher Meinung ist Cannabis keine Einstiegsdroge, wohl aber ein sensibilisierendes Suchtmittel. Durch Cannabis riskiert man viel eher den Umstieg auf andere, härtere Substanzen, auch wenn andere ursächliche Faktoren ausscheiden.

Ob und inwiefern Cannabis ein *Amotivationssyndrom* auslösen kann, bildet einen der Hauptpunkte im Expertenstreit. Unzweifelhaft beeinflusst stärkerer Cannabisgebrauch Aufmerksamkeit und Gedächtnis. Querschnittstudien über die Auswirkungen dieser Effekte überschätzten möglicherweise aber die Folgen, da weitere Größen wie schon früher bestehende Beeinträchtigungen der kognitiven Funktionen oder andere, unabhängig von der Sucht vorliegende Störungen und ungünstige Milieufaktoren nicht berücksichtigt wurden. Anhaltender Verlust jeglicher Motivation scheint aber bei frühem Konsumbeginn (etwa in der Pubertät) eher einzutreten als bei einem späteren Beginn. Der Zusammenhang zwischen anhaltendem Cannabisgebrauch in der Zeit des Heranwachsens und dem Risiko, eine höhere Schulbildung abzubrechen und im jungen Erwachsenenalter in berufliche Instabilität zu geraten, ist eindeutig. Die Signifikanz der Ergebnisse wird bei den Längsschnittstudien allerdings verringert, wenn statistische Anpassungen an das Faktum gemacht werden, dass starke Cannabiskonsumenten im Vergleich mit Gleichaltrigen schon vor dem Beginn des Konsums von Cannabis schwache Leistungen in der Schule gezeigt haben.

Zweifelsohne hat Cannabis medizinische Effekte: Es hilft bei Schmerzen, bei Appetitlosigkeit und Brechreiz, wird bei multipler Sklerose zur Verbesserung der Muskelspannkraft eingesetzt und verfügt auch über eine Reihe von psychisch positiven Wirkungen. Allerdings muss man feststellen, dass Cannabis in fast allen Punkten den herkömmlichen Medikamenten unterlegen ist. Eine vom englischen Gesundheitsministerium in Auftrag gegebene große Studie zu Vor- und Nachteilen des therapeutischen Einsatzes von Cannabis kommt zum Schluss, dass Cannabinoide in der Medizin vielversprechende Substanzen seien, ein entscheidender Vorteil gegenüber herkömmlichen Medikamenten aber nicht nachweisbar ist. Inzwischen sind allerdings auch bei uns einige teil- und vollsynthetische Cannabispräparate zugelassen und dürfen, was durchaus vernünftig ist, ärztlich verordnet werden.

Sie sehen also, die Beurteilung von Cannabis gestaltet sich nicht einfach. Haben wir es mit einem harmlosen oder gerade wegen seiner Sanftheit und scheinbaren »Ungefährlichkeit« gefährlichen Suchtmittel zu tun? Cannabis ist heute auf der ganzen Welt verbreitet und steht fast jedem zur Verfügung. Vor allem bei jungen Menschen zeigt sich eine sehr große Bereitschaft, Cannabis zu probieren. Nach wie vor stehen Forderungen im Raum, Cannabis zu legalisieren und dem Alkohol rechtlich gleichzustellen. Für den Konsumenten sind diese Fragen nur im rechtlichen Bereich von Bedeutung. Ob man eine Substanz sinnvoll gebraucht, missbräuchlich verwendet oder in abhängiger Weise einnimmt, hängt nicht von der politisch-rechtlichen Qualifizierung ab. Entscheidend ist, wie der Konsument seinen Konsum erlebt, inwiefern ihm dieser hilft oder ihn einengt und ob er willens ist, bei cannabisbedingten Problemen etwas zu ändern.

Politisch müsste man wohl eine Zwischenlösung anstreben, nach welcher Cannabis nicht freigegeben, Besitz und Konsum aber nicht mit den Mitteln des Strafrechts verfolgt wird. Würde man Cannabishandel und -weitergabe mit einer Ordnungsstrafe ahnden, hätte man zwei Ziele erreicht: Dem Konsumenten würde signalisiert, dass unsere Gesellschaft neben dem Alkohol und den Medikamenten nicht noch eine weitere Droge in großem Stil verträgt. Gleichzeitig wäre der Betroffene nicht durch eine Vorstrafe stigmatisiert.

Wie die drei Geschichten ausgegangen sind? Der fortgeschrittene Student mit der Cannabispsychose war lange Zeit in einer psychiatrischen Klinik stationär, litt nach einem Rückfall wieder unter Wahnsymptomen und Halluzinationen und befindet sich nach wie vor in psychiatrischer Behandlung. Er muss kontinuierlich starke Medikamente, sogenannte Neuroleptika, einnehmen. Bezüglich des Cannabis ist er ambivalent. Auf der einen Seite möchte er die Droge nehmen, auf der anderen ist ihm doch der Schreck in die Knochen gefahren. Wirklich entschieden hat er sich noch nicht.

Die junge Mutter ist in den Teufelskreis der Drogengewalttätigkeit geraten. Sie wurde schon in Haft vom ebenfalls einsitzenden kokainsüchtigen Vater des toten Kindes ständig bedroht und nach der Entlassung von diesem aus Rache für die tödliche Vernachlässigung des Sohnes niedergestochen. Sie hat die schweren Verletzungen überlebt, konnte sich aus dem Drogenmilieu lösen und lebt jetzt zurückgezogen.

Der junge Mann, der die Schule abgebrochen und sich isoliert hat, lebt nach wie vor beschaulich. Er denkt über die Ungerechtigkeiten der Welt und den Sinn des Lebens nach, räumt den Müll immer noch nicht weg, raucht einen Joint und befasst sich nun seit bald vier Jahren mit dem Gedanken, demnächst neu durchzustarten …

Narziss und Kokainrausch

Kennen Sie die Geschichte von Narziss? Dieser schöne und viel begehrte Jüngling aus der griechischen Mythologie wurde von der Liebesgöttin bestraft, weil er die Zuneigung der Nymphe Echo zurückgewiesen hatte. Er sollte fortan in unstillbare Liebe zu seinem eigenen Spiegelbild verfallen und nur ein langes Leben haben, wenn er sich selbst nicht kennenlerne. Als er am See saß und sich an seinem Spiegelbild ergötzte, wurde die Wasseroberfläche auf göttliche Fügung hin durch ein herabfallendes Blatt getrübt. Weil Narziss glaubte, hässlich zu sein, fiel er in eine tiefe Depression und verstarb. Nach seinem Tod wurde er in eine Narzisse verwandelt. Die Nymphe, deren Liebe nicht erwidert wurde, löste sich zu einem bloßen Widerhall, dem Echo, auf. Eine andere Version besagt, dass Narziss sich unsterblich in ein Bild, das sich im Wasser spiegelte, verliebt habe, gar nicht wissend, dass es sein eigenes war. Als er sich, von Sehnsucht verzehrt, mit diesem vereinigen wollte, stürzte er ins Wasser und ertrank. Die Geschichte des egozentrischen, leicht kränkbaren, die Mitmenschen entwertenden, in seiner Selbstsucht gefangenen Autisten endet also immer im Absturz.

Die Geschichte des Narziss wurde nicht nur in unzähligen bildnerischen Werken dargestellt, sondern ist auch zu einem der wichtigsten Grundgedanken der Psychologie und Psychotherapie geworden. Die Symbolik des an seiner Selbstbewunderung und Selbstbezogenheit hängenden, manchmal daran zugrunde gehenden Menschen war so eindrücklich, dass sie in die Alltagssprache Eingang gefunden hat. Im Volksmund nennt man einen selbstverliebten Menschen einen Narzissten. Narzissmus, vom Gründer der Psychoanalyse Sigmund Freud (1856–1939) als »libidinöse Besetzung des Ichs« bezeichnet, steht heute für Egoismus, Überheblichkeit, Selbstbezogenheit, Arroganz und extreme Kränkbarkeit. Narzissten stellen sich vor anderen als besonders großartig, überlegen und unerreichbar dar, reden fast ausschließlich von sich, haben an den Problemen der Mitmenschen nicht das geringste Interesse, schweben in Fantasien von grenzenlosem Erfolg und sind überzeugt, etwas ganz Außergewöhnliches und Einmaliges zu sein. Sie legen gegenüber anderen eine extreme Anspruchshaltung an den Tag, können sich in andere überhaupt nicht einfühlen, sehen sich selbst durch leise Kritik in ihrer Selbstherrlichkeit bedroht und leben in der permanenten Angst vor der Bloßstellung eigener kleiner Schwächen. Narzissten halten sich für etwas Besseres und lassen dies ihre Umgebung gerne spüren. Auf diese wirken sie eitel, eingebildet, anmaßend, wichtigtuerisch, prahlerisch, großschnäuzig, hochmütig, aufgeblasen, blasiert und, und, und … Ich glaube, Sie kennen jetzt den Menschentyp.

Die suchtartige Verliebtheit in die eigene Person kann manchmal so extrem werden, dass der Narzisst andere Menschen demütigen und erniedrigen, ja sogar quälen und töten muss, um sich selbst als großartig zu empfinden. Man spricht dann von bösartigem oder malignem Narzissmus, der angeblich bei Serienmördern häufig anzutreffen ist. Die Ursachen des Narzissmus werden in tief verwurzelten Minderwertigkeitsgefühlen gesehen, die durch das betont überhebliche Auftreten nach außen kompensiert werden sollen. Aber genug der psychologisch verbrämten Lästerei über einen sichtlich nicht angenehmen Menschentyp, den wir alle kennen.

Es gibt eine Droge, die in ihrer Wirkung mit dem Wesen des Narzissten vergleichbar ist, die narzisstische Wirkung wie Grandiositätsgefühle und Überheblichkeit auslöst und die im Übrigen in unserer Gesellschaft von Narzissten auch vermehrt konsumiert wird. Es ist Kokain, »das Götterbrot, das die Hungernden sättigt, die Müden ermuntert und die Traurigen fröhlich macht«, wie es in seiner südamerikanischen Heimat heißt. Es scheint kein Zufall zu sein, dass dieses uralte Kultmittel gerade im Zeitalter der Selbstdarstellung, des euphorischen Vergnügens, der Hektik und der sozialen Kälte solche Verbreitung findet. Wir leben nicht nur in einer Zeit des Narzissmus, sondern auch in einer Gesellschaft des Kokains.

Die Droge Südamerikas wird aus den Blättern des Kokastrauches gewonnen und gehört zu den ältesten Rauschgiften. Ihre Geschichte reicht bis in die Inkazeit zurück, wo das Kokain zu kultischen Zwecken verwendet wurde. Es gibt historische Hinweise, dass schon im Jahr 2500 v. Chr. in Südamerika Koka gekaut wurde. Die Inkas verwendeten Kokain ausschließlich bei besonderen Ereignissen oder als Opfergabe, während der Konsum für die Bevölkerung verboten war. Es gab also bereits damals eine Art Prohibition, indem die offensichtlich als gefährlich erachteten Rauschmittel nur zu bestimmten Zeiten und eingebunden in Rituale zugänglich waren. Vielleicht könnten wir heute von der damaligen »Drogenpolitik« einiges lernen.

Kokakonsumenten, die in den lateinamerikanischen Ländern *Coqueros* genannt werden, verbrauchen pro Tag 30 bis 50, manchmal bis zu 500 Kokablätter, was einem Wirkstoffgehalt von zirka fünf Gramm entspricht. Die Spanier berichteten von unglaublichen Strapazen, welche die Indios als Läufer oder Lastenträger leichter ertragen konnten, wenn ihnen ausreichende Mengen von Kokablättern zur Verfügung gestellt wurden. Die Indios führten getrocknete Kokablätter mit sich, um in den Arbeitspausen kauen zu können. Dadurch war ihnen tagelanges Arbeiten ohne Nahrungsaufnahme und ohne längeren Schlaf möglich. Häufig wurde mit den Kokainblättern ein teeartiges Getränk, das Koka-Mate, zubereitet. Der Zusatz von Kalk zum Kokainbissen begünstigt die Extraktion der Wirksubstanzen aus der fasrigen Pflanze. Über den Speichel gelangt das Koka in den Verdauungstrakt.

Durch die spanischen Eroberer kam das Kokablatt nach Europa, wo es in der Folge intensiv erforscht wurde. Das eigentliche Kokain wurde erstmals 1855 isoliert. In reiner Form handelt es sich um ein weißes Pulver beziehungsweise um farb- und geruchlose, durchscheinende Kristalle. An der Entdeckung der medizinischen Wirkung war unter anderem Sigmund Freud, der später selbst nach der Substanz süchtig geworden ist, beteiligt. Der Augenarzt Carl Koller (1857–1944) berichtete 1894, dass mit Hilfe des die freien Nervenendigungen der Schleimhäute betäubenden Kokains Augenoperationen schmerzlos durchgeführt werden könnten. In der Folge wurden Kokain und Kokainderivate als Betäubungsmittel für Haut und Schleimhäute verwendet.

Schon Ende des 19. Jahrhunderts und kurz nach dem Ersten Weltkrieg fand Kokain in Europa große Verbreitung. Die Verwendung des »Schnees« war vor allem in Künstler- und Intellektuellenkreisen beliebt. In den USA wurde vor 1914 eine Kokainwelle beschrieben, in Deutschland fand die Substanz im Gefolge der französischen Besatzung nach dem Ersten Weltkrieg weite Verbreitung, wurde dann aber von den medikamentösen Aufputschmitteln abgelöst. Seit Beginn der 1980er-Jahre bedroht Europa eine anhaltende Kokainwelle, die zu weiter Verbreitung und Preisverfall geführt hat. So ist Kokain, das die Medien früher gerne als die »Droge der Schickeria« darstellten, keineswegs mehr auf Nachtmilieu sowie die Gesellschaft der Schönen und Reichen begrenzt, sondern hat Eingang in die Jugendszene und Verbreitung in der Erwachsenenwelt gefunden. Bei Konsumenten harter Alkoholika ist Kokain sehr beliebt, da ihnen die Substanz das Gefühl gibt, enorm viel trinken und trotzdem nüchtern bleiben zu können.

Kokain, das gegessen, geraucht und – meist durch zusammengerollte Geldscheine – geschnupft wird, führt zum subjektiven Gefühl der Euphorie, der körperlichen und psychischen Stärke, der erhöhten Belastbarkeit und der verbesserten Ausdauer. Hungergefühl und Schlafbedürfnis treten zurück, Ermüdung und Erschöpfung verschwinden, der Antrieb wird gesteigert und die Stimmung angehoben. Der akute Kokainrausch ist mit einem Höhenflug vergleichbar. Der Konsument wird von einem Gefühl des übermächtigen Glücks, des überströmenden Verbundenseins mit der Welt, der Abschottung sämtlicher Konflikte und Probleme und des alles beherrschenden Hochs überflutet. Da sich die Denkabläufe beschleunigen, erlebt er die Mitmenschen als verlangsamt und unterlegen. Es entwickelt sich ein verstärkter Rededrang, Hemmungen werden beseitigt, Angst verschwindet, Kritik und Urteilsschwäche nehmen zu. Manche Kokainmissbraucher berichten über enorme Steigerung des sexuellen Empfindens und orgastische Reaktionen selbst auf leise Berührungen, ein Effekt, der aber bald ins Gegenteil umschlägt. Nach dem euphorischen Stadium, das der Konsument als den Rausch im eigentlichen Sinn erlebt, können Sinnestäuschungen, Ängstlichkeit und Beziehungsideen auftreten. Schließlich mündet der Rausch in ein depressives Stadium mit Antriebs-, Lust- und Freudlosigkeit, mit Niedergeschlagenheit und Schuldgefühlen sowie totaler Erschöpfung. Der erfahrene Kokainist wird dieses unangenehme Stadium durch rechtzeitige Substanzzufuhr zu vermeiden wissen, womit der Teufelskreis von Neuem beginnt.

Das psychische Abhängigkeitspotenzial ist enorm und vergleichbar mit dem von Morphin, während eine körperliche Gewöhnung kaum beobachtet werden kann. Das ständige Schnupfen ruft allerdings Entzündungen und Geschwürbildungen der Nasenschleimhäute, manchmal sogar Perforationen der Nasenscheidewand und das Einsinken des Nasenrückens hervor.

Die Kokainabhängigkeit kennzeichnet eine rasche und intensive Dosissteigerung. In Einzelfällen benötigen Kokainsüchtige Dosen von 15 bis 30 Gramm pro Tag, während die übliche Einzeldosis bei 20 bis 50 Milligramm liegt. Die Entzugserscheinungen in Form von Depressionen sind so schwer, dass die Konsumenten oft suizidal reagieren, also Selbstmordversuche unternehmen. Langfristiger Kokainkonsum führt zu einer Änderung der Persönlichkeit in Richtung einer egozentrisch-antisozialen, einer narzisstischen Haltung.

Kokainpsychosen treten zwar selten auf, verlaufen aber dramatisch. Zwangssymptome, wahnhaftes Erleben und charakteristische Halluzinationen des Tastsinns stehen im Vordergrund. Einer meiner Patienten klagte über Tausende kleine Tiere – Würmer und Läuse – die seine Haut übersäten und in seinen Körper hineinkrochen. Er musste sich beim Betreten des Raumes einen Weg durch imaginäre Haufen von Ungeziefer bahnen, sich ständig abwischen und am ganzen Körper kratzen.

Kokain war und ist in Prominenten- und Künstlerkreisen sehr verbreitet. Berühmte Kokainisten waren zum Beispiel Thomas Edison, Auguste Rodin, Jules Verne, Alexandre Dumas, Papst Leo XIII., Sigmund Freud und der 1982 an den Folgen des Kokainmissbrauchs verstorbene Filmregisseur Rainer Werner Fassbinder. Manche von ihnen haben die Wirkung der Droge eindrucksvoll beschrieben. Eines der zahlreichen Beispiele mag dies belegen, und zwar jenes des Literaten und Nervenarztes Dr. Otto Groß (1877–1920), auf welchen nicht nur in einem Roman von Franz Werfel, sondern auch bei

Leonhard Frank (1882–1961) Bezug genommen wird. Frank hat ihn in seinem Roman *Links wo das Herz ist* in der Gestalt des Dr. Kreuz dargestellt und schildert dessen Kokainproblem folgendermaßen:

> »Dr. Kreuz, der jahrelang Morphinist gewesen und vor einiger Zeit zu Kokain übergegangen war, saß im kleinen Zimmer und presste mit beiden Händen die Hand seiner Frau, als er aus eigenem Antrieb versprach, dass er sich noch einmal einer Entwöhnungskur unterziehen werde, damit sie dann ein Kind haben könnten, das bei der Empfängnis nicht benachteiligt sei. Ihre Augen leuchteten vor Freude; seine waren verglast. [...] Die Hand des reglos Stehenden griff selbsttätig in die Tasche. Er schaufelte mit einem Glasröhrchen Kokain aus der Schachtel, hielt ein Nasenloch zu und sog ins andere das weiße Pulver hoch. [...] Der Doktor hatte immer nur im Kokainrausch zu arbeiten vermocht. Aus Furcht, nach der Entwöhnung nicht mehr arbeitsfähig zu sein, schrieb er mit Hilfe riesiger Dosen Kokain im Laufe von vier Tagen und vier Nächten seine Erkenntnisse und neuen Hinweise auf dem Gebiet der Psychoanalyse nieder. [...] Er hatte in den vier Tagen und vier Nächten nichts gegessen und zwischendurch nur hin und wieder Minuten in Kleidern auf dem Bett gelegen. Die Kokainschachtel war leer. Verwüstet, die Augen trüb wie Milchglas, die Nasenlöcher angefressen vom Kokain, stierte er hinab auf den sturmzerwühlten See.
>
> [...] Sophie [*die Geliebte des Dr. Kreuz, Anm.*] und der Doktor waren nur ein paar Schritte von ihm entfernt. So-

phies Anblick entsetzte ihn, er glaubte nicht, was seine Augen sahen. Haar und Kleider waren verschmutzt, als hätte sie seit Wochen im Freien geschlafen. Das verfallene Wachsgesicht war das einer Toten, die unbegreiflicherweise noch atmete.

Der Doktor schnupfte Kokain, vor den Reisenden, die neben und vor ihm standen, und schon Minuten danach wieder, er hatte schon keine Selbstkontrolle mehr. Auf seinem zerknüllten Hemdkragen waren Blutflecke. Aus den angefressenen Nasenlöchern rann eine eitrige blutige Flüssigkeit. Beide sahen Michael [*gemeint ist ein Bekannter des Dr. Kreuz, Anm.*] und sahen ihn nicht, die Umwelt existierte nicht mehr. Der Doktor schnupfte Kokain und sprach zwischendurch in losen abgehackten Sätzen ohne Anfang und ohne Ende lallend von indischer Philosophie, von ewiger Wiederkunft – dass der Mensch, eine verfluchte Kreatur, die Sexualkomplexe vielleicht schon in seinen früheren Daseinsformen, als Raubkatze, als Hund, erworben habe und sie durch alle Verwandlungen mit sich getragen habe.«

Alles, was das Wesen der Sucht ausmacht, ist in dieser Beschreibung enthalten, vom Kontrollverlust bis zur Suchtverschiebung, vom völligen Verfall an das Rauschgift bis zur beginnenden Drogenpsychose.

Die künstlichen Kinder des Kokains

Ähnlich wie Kokain wirkt die Medikamentengruppe der Amphetamine. Diese in Drogenkreisen als Speed oder auch *Eye-Openers* bezeichneten chemisch hergestellten Stimulanzien stehen erst seit den 1970er-Jahren unter den Suchtgiftbestimmungen. Heute gilt das bereits 1893 in flüssiger Form synthetisierte Crystal Meth als gefährlichster Vertreter.

Amphetamine wurden Anfang des 20. Jahrhunderts von der pharmazeutischen Industrie entwickelt und verdanken ihren Aufschwung, wie viele Suchtmittel, dem Krieg, der ja der Vater vieler Dinge sein soll. Im Zweiten Weltkrieg wurden Amphetamine an Frontsoldaten und Kampfpiloten ausgegeben, damit sie bei Dauereinsätzen nicht ermüden und den extremen Stress besser ertragen können. Auch Adolf Hitler soll amphetaminsüchtig gewesen sein, was einen Teil seines immer pathologischer werdenden Verhaltens und die gegen Ende zu beobachtende Zittrigkeit erklären könnte. Wegen ihrer aktivierenden, wachmachenden Wirkung sind Amphetamine besonders bei persönlicher oder beruflicher Belastung, in Erschöpfungs- und Stresssituationen beliebt. Studenten verwenden sie in Lernphasen und vor Prüfungen, können dann Tag und Nacht lernen, überschätzen den Lernerfolg aber maßlos und stürzen bei der Prüfung meist ab. Außerhalb der Drogenkreise sind Amphetamine als Abmagerungsmittel und als die berühmten Dopingsubstanzen bei Hochleistungssportlern, wo sie vor Einführung strenger Kontrollen mehrere Todesfälle gefordert haben, bekannt.

Nach der Einnahme tritt der gesuchte euphorisierende Anfangseffekt rasch ein, ehe starke Schlafstörungen und Erschöpfungszustände folgen. Die Freisetzung nicht vorhandener körperlicher und psychischer Kräfte sowie die künstliche Überanstrengung bewirken Konzentrations- und Gedächtnisstörungen und ein allgemeines Nachlassen der psychischen Fähigkeiten, ferner Appetitlosigkeit, Abmagerung, chronisches Zittern und Bluthochdruck. Nicht selten werden sogar Episoden mit Sinnestäuschungen, Angstzuständen und Wahnvorstellungen ausgelöst. Unter den körperlichen Folgesymptomen der Amphetamine müssen besonders chronische Nierenschädigungen erwähnt werden.

Da Kokain wie die anderen Stimulanzien künstliche Aktivität, extremes Hochgefühl und grenzenlose Selbstüberschätzung auslöst, fühlt sich der Konsument allen, auch dem Therapeuten, weit überlegen und spürt lange Zeit nicht den geringsten Leidensdruck. Er hält sich für leistungsfähiger, gesünder und intelligenter als all seine Mitmenschen. Selbstüberschätzung, Euphorie und egozentrisches Agieren ziehen sich über Jahre hin. Eine Droge schenkt aber nichts, sie leiht nur etwas aus und fordert es dann unerbittlich, mit Zinsen und Zinseszinsen, zurück. Die Rückforderung an den Kokainisten heißt Depression. Nach den Monaten oder Jahren des großen Festes, des ausschweifenden Vergnügens, des nicht enden wollenden Größenrausches, versagt die Droge. Die Toleranz ist so extrem geworden, dass selbst Höchstdosen keine Wirkung mehr haben. Der narzisstisch gekränkte Kokainist kann dies nicht fassen, verfällt in Panik und Verzweiflung und wird schwer depressiv. Erst in diesem hoffnungs- und aussichtslosen Zustand, im Gefühl zu versagen und am Ende zu sein, wächst das bislang nie gekannte Bedürfnis nach Hilfe, und vielleicht tritt das Undenkbare ein: der Gedanke an Therapie.

Die Behandlung der Kokainsucht ist nicht einfach. Von keiner Droge, vielleicht mit Ausnahme von Heroin, trennt sich der Abhängige so schwer. Bei keiner anderen Suchtkrankheit ist der Betroffene so lange und so sehr von seiner Unverwundbarkeit und seiner Überlegenheit (ich betone nochmals: auch gegenüber Therapie und Therapeuten) überzeugt. Für keinen anderen ist es so schmerzhaft, eigene Schwächen zu erkennen und sich diesen zu stellen. So gern sich der Kokainist im Spiegel betrachtet, wenn es ihm gut geht, so kränkend ist es für ihn, das Bild der Schwäche und Unfreiheit gespiegelt zu bekommen. Sie sehen, ein Suchttherapeut hat vor beidem Respekt: vor Narzissten und vor Kokain – vor welchem mehr?

Medikamentenabhängigkeit: Die weiße, heimliche Sucht

Medikamente sind wunderbar, sie gehören zu den großen Menschheitsfortschritten, haben die Medizin fortlaufend revolutioniert, vielen Krankheiten den Schrecken genommen und unsere Lebensqualität entscheidend verbessert. Gerade die Therapie mit Psychopharmaka, also mit Substanzen, welche die Psyche des Menschen beeinflussen, stellt einen der größten Erfolge der Medizin dar. Ist es nicht großartig, wenn man die trübe Stimmung eines Menschen aufhellen, seinen Antrieb steigern oder seinen Schlaf verbessern kann? Entspricht es nicht einem alten Menschheitstraum, den Schmerz lindern und die Angst lösen zu können? Haben nicht erst Psychopharmaka Türen der ehemals verschlossenen Unterbringungsanstalten geöffnet und psychisch Kranken ein Leben in Freiheit und Würde ermöglicht? Das alles muss man bejahen: Medikamente sind wunderbar.

Medikamente sind furchtbar, wenn sie den Menschen abhängig machen. Keine Sucht greift so tief in Fühlen und Befindlichkeit, keine so gravierend in die Stimmung und keine so nachhaltig in das engste Leben ein wie die Medikamentenabhängigkeit. Der Medikamentenentzug ist entsetzlich, nicht im körperlichen, aber im psychischen Bereich. Er beginnt, wie auch die Sucht selbst, langsam und nahezu unbemerkt. Er verläuft kaum mit Schwitzen oder Zittern. Plötzlich und ohne Vorankündigung treten aber Anfälle von schwerster Unruhe, von Angst und Panik, von Vernichtungsgefühlen und Todesangst auf. Der Alkoholentzug ist körperlich viel dramatischer und manchmal lebensgefährlich, lässt sich heute aber gut behandeln. Der Heroinentzug ist ohne Behandlung grauenhaft, dauert aber nur wenige Tage. Der Medikamentenentzug will nicht aufhören, es kommt Welle um Welle, die den Betroffenen zur Verzweiflung treiben und den Therapeuten manchmal in große Not bringen. Bei keiner anderen Sucht wird so deutlich, dass eine Droge all das, was sie einem gibt, wieder zurückfordert. Das jahrelange Unterdrücken der Angst bezahlt man mit der Panik im Entzug, den medikamenteninduzierten Schlaf durch hartnäckige Insomnie, die künstliche Euphorie durch über Wochen dauernde Melancholie.

Medikamentenabhängigkeit stellt eine Krankheit dar, die lange Zeit unbemerkt verläuft und meist schon mehrere Jahre lang besteht, ehe sie entdeckt wird. Nach Medikamenteneinnahme hat man keine »Fahne«, und in der Regel treten auch keine exzessiven Verhaltensweisen wie nach Alkohol- oder Drogenkonsum auf. Tablettensüchtige erregen keinen Anstoß und fallen lange Zeit niemandem zur Last. Am Beginn des Missbrauchs stehen oft körperliche oder psychische Beschwerden. Da meist über eine lange Zeit nur eine niedrige Dosis erforderlich ist, entsteht kein Problembewusstsein.

Ein älterer Herr kam auf Drängen seiner Angehörigen widerwillig in die Praxis, nicht aus eigenem Leidensdruck oder zur Beratung, sondern wegen finanzieller und organisatorischer Probleme. Sein Medikamentenverbrauch, etwa 40 verschiedene Tabletten – Schmerz-, Beruhigungs-, Schlaf- und Aufputschmittel – war nicht mehr finanzierbar. Er habe neben den sechs von ihm ständig kontaktierten Ärzten, so klagte er, keinen zusätzlichen Verschreiber mehr gefunden. Auf die Frage nach den Gründen für die massive Einnahme meinte er: »Ich nehme Beruhigungsmittel, weil es mir einige Stunden nach dem Konsum von Kopfwehtabletten gar nicht gut geht.« Weshalb er denn Schmerzmittel benötige? »Bald nach der Einnahme von Aufputschmitteln beginnt es mich zu reißen, ich spüre ein Zucken am ganzen Körper.« Wozu er Stimulanzien benötige? »Weil die Schlafmittel einen Überhang hervorrufen und ich auch am nächsten Tag noch matt und lustlos bin.« Weshalb habe er denn einen so schlechten Schlaf? »Weil am Abend die Wirkung der Beruhigungsmittel nachlässt.«

So lebte er in einem einzigen Teufelskreis von chemischer Steuerung und Gegensteuerung, von Behebung der Nebenwirkung eines Medikaments durch die Einnahme eines anderen, somit in einem Leben, das ganz und gar von Psychopharmaka bestimmt war. Sein ewiger, sich selbst erfüllender Kreislauf war jener des Trinkers in der Erzählung *Der kleine Prinz* von Antoine de Saint-Exupéry (1900–1944), der trinkt, weil er sich schämt und sich schämt, weil er trinkt. So konnte er sich aus der unaufhörlichen Wiederholung des süchtigen Denkens nicht mehr lösen.

Gewöhnung und Abhängigkeit können nur bei einem verhältnismäßig kleinen Teil der Medikamente, bei Beruhigungs- und Schlafmitteln, bei manchen Schmerz- und Abmagerungsmitteln eintreten. Von allen verordneten Arzneimitteln besitzen etwa sechs bis acht Prozent ein Suchtpotenzial. Als »Einstiegsdrogen« gelten koffeinhaltige Schmerzmittel und Kombinationspräparate. Fünf bis zehn Prozent aller Kopfschmerzpatienten entwickeln ein sogenanntes medikamenteninduziertes Kopfweh, einen dumpf drückenden Dauerschmerz, den die Betroffenen durch Einnahme weiterer Schmerzmittel zu bekämpfen versuchen.

Dies heißt aber nicht, dass jene Substanzen nicht auch in normaler, sinnvoller Weise verwendet werden können, vielmehr sind sie, es sei nochmals betont, bei gezieltem Einsatz und bei verantwortungsvoller Verschreibung ein großer Segen für die Menschheit. Problematisch werden sie dann, wenn sie leichtfertig verordnet, bei kleinsten Anlässen und über einen längeren Zeitraum – eine kritische Grenze liegt bei vier Wochen – eingenommen werden, wenn ohne chemische Steuerung kein Gleichgewicht, keine Ausgeglichenheit mehr möglich ist. Der an die Stoffe Gewöhnte greift, ähnlich dem Raucher, nahezu reflexhaft zum Medikament, er braucht die Substanz bei Nervosität und Angst, er braucht sie wegen Angst vor der Angst und wegen der Befürchtung, diese oder jene Situation nur mit Medikamenten durchstehen zu können.

Die weiblichste Sucht

Etwa zwei Prozent unserer Bevölkerung gelten als medikamentenabhängig, zwei Drittel davon sind Frauen. Sie leiden doppelt so häufig an Medikamentensucht wie an Alkoholabhängigkeit. Die klare Dominanz des weiblichen Geschlechts hat zahlreiche Ursachen. Frauen sind anders gesund und anders krank als Männer. Sie werden besonderen Stresssituationen ausgesetzt, häufig vor allem der Doppel- und Mehrfachbelastung in ihren Rollen als Mutter und Berufstätige, und haben mit den Folgen von Partnerschaftsproblemen, Krankheit und Tod von Angehörigen, Erziehungsschwierigkeiten usw. zu kämpfen. Frauen tragen Konflikte länger mit sich herum als Männer, schlucken ihre Probleme im wahrsten Sinn des Wortes hinunter und stellen die eigenen Bedürfnisse zurück. Bei Misserfolgen suchen sie die Schuld meist bei sich.

Medikamentenabhängige Frauen entwickeln oft eine Grundhaltung von: »Ich muss um jeden Preis funktionieren.« Sie müssen ungeachtet von Befindlichkeitsstörungen und Beschwerden leistungsfähig sein und ihre Aufgaben erfüllen. Negative Gefühle und Missbefindlichkeiten werden durch die Medikamente gedämpft. Die Medikamentenwirkung reguliert zudem das Nähe-Distanz-Problem in der Beziehung. Zu Recht wird immer wieder auf die »sozial harmonisierende« Funktion des Tablettenkonsums hingewiesen. Angehörige gehen mit der das Funktionieren ermöglichenden Medikamentensucht eine »Komplizenschaft« ein. Die Pille übernimmt praktisch die Funktion einer stets abrufbaren Beschützerin und Begleiterin.

Frauen haben zudem schon früh gelernt, die Belastungen im weiblichen Lebenszyklus, also Menstruation, Schwangerschaft und Wechseljahre, mit Hilfe von Medikamenten zu kontrollieren. Obwohl Frauen für psychotherapeutische Behandlungen viel aufgeschlossener sind als Männer, erwarten sie sich bei Problemen oft die Verordnung von Medikamenten. 73 Prozent aller Arztbesuche werden von Frauen absolviert.

Eine 55-jährige Frau suchte mich wegen eines ungewöhnlichen Problems auf. Sie wollte ihren alten Traum einer großen Rundreise durch Südamerika verwirklichen. Obwohl sie fest dazu entschlossen war und schon mehrfach gebucht hatte, scheiterte die Reise an einem eigenartigen Problem: Sie wusste nicht, wie sie die vielen Medikamente, die sie während der vier Wochen benötigte, organisieren und transportieren sollte. Nachdem sie jeden Tag etwa 50 Stück Schmerz-, Beruhigungs- und Schlafmittel schluckte, hätte sie für die Packungen einen ganzen Koffer gebraucht. Wie sollte sie so viel verschrieben bekommen, wie beim Zoll argumentieren, wie das Ganze im Handgepäck verstauen? Sie traute sich nicht, die Medikamente mit dem Fluggepäck aufzugeben, sie brauchte diese immer bei sich. Nicht auszudenken, was passierte, wenn sie ohne Medikamente in Südamerika auf dem Airport stünde.

Die Frau war seit über 20 Jahren schwer medikamentensüchtig. Sie hatte bei Wetterumschwüngen und Föhn, bei Stress und Belastung unter Kopfschmerzen gelitten und gelegentlich ein Schmerzmittel genommen. Im Laufe der Zeit gewöhnte sie sich an die wohlige Wirkung der Tabletten, schluckte sie regelmäßig und musste feststellen, dass die

Kopfschmerzen in medikamentenfreien Zeiten sehr stark zutage traten. Sie traute sich deswegen nicht mehr, auf die Pillen zu verzichten, nahm diese – wie sie sagte – zur Vorbeugung und war stets darauf bedacht, einen größeren Vorrat in der Nähe zu haben oder mit sich zu führen. Sie geriet in den Teufelskreis zwischen ursprünglichem Kopfweh, vermehrter Einnahme von Schmerzmitteln, deren Abbauprodukte von sich aus wieder Kopfschmerzen auslösten, von Depression und neuerlicher Einnahme. Die Abhängigkeit entwickelte sich über Jahre hinweg unauffällig, sie habe immer bestens funktioniert und sich relativ wohl gefühlt. Einzig die Verschreibung immer größerer Mengen war lästig und erforderte eine spezielle Logistik. Der Kopfschmerz spielte als Motiv längst schon keine Rolle mehr, auch sonstige Beschwerden waren nicht relevant. Sie nahm die Medikamente aus jedem und keinem Grund, sie war süchtig. Statt der Reise nach Südamerika wagte sie den Schritt in eine Entwöhnungsklinik.

Die Medikamentenabhängigkeit hat in den letzten Jahren stark zugenommen, besonders auch bei den älteren Menschen. Die Verschreibungspraxis ist in einer Zeit weltweiten Ärztemangels lockerer geworden, an Stelle des Gespräches ist das Pharmakon getreten. Durch Vertrieb über das Internet hat sich das Angebot dramatisch erhöht. Immer aktueller wird das Problem des »Neurodopings«, worunter man den Einsatz von Medikamenten zur Verbesserung der Hirnleistung bei Gesunden versteht. Die Versuche, die geistige Leistungsfähigkeit durch pharmazeutische Mittel zu verbessern, sind nicht nur unter Studierenden, sondern auch im Berufsleben verbreitet. Dort werden die Substanzen zur Beschleunigung des Arbeitstempos, zur Erhöhung der Stressresistenz und Bekämpfung von Burnout-Zuständen eingesetzt. Wir scheinen immer mehr auf eine Welt zuzusteuern, die nicht trotz, sondern wegen der Drogen existiert.

Die konstruierte Sucht

Zwischen den legal erzeugten Medikamenten und den illegalen Suchtmitteln steht eine Gruppe von nicht legalen medikamentösen Drogen, von deren Geschichte und Entwicklung wir sehr viel lernen können: die Designerdrogen.

So werden solche chemischen Verbindungen bezeichnet, die von klassischen Rauschgiften oder alt eingeführten Arzneimitteln durch Veränderung der Molekülstruktur abgeleitet werden. Meist übertreffen diese von Untergrundchemikern errechneten und entworfenen Drogen in ihrem psychischen Effekt die Muttersubstanz um ein Vielfaches, manchmal um das Tausendfache. Mit Ausnahme von Crack zählen alle Designerdrogen zu den vollsynthetischen Suchtstoffen und können in der Regel aus überwiegend billigen, zum Teil harmlosen und fast immer legalen Chemikalien hergestellt werden. Die Substanzen imitieren und kombinieren die Wirkungen von Halluzinogenen und Stimulanzien, übertreffen diese aber um ein Vielfaches. Nicht zu Unrecht wurde Crack als eine Art »Super-Kokain« bezeichnet.

Beim Crack, auch als *Freebase*, *Baseball* oder *Rocks* bezeichnet, tritt die Wirkung innerhalb weniger Sekunden ein, dauert wenige Minuten und entspricht einem übersteigerten Kokaineffekt mit Wachheit, angenehm gesteigerter Aktivität, Euphorie und Omnipotenzgefühlen. Dem Crackrausch folgt meist eine kurze Depressionsphase mit Angst, Lethargie und Herabsetzung von Appetit sowie Sexualtrieb, die der Konsument unbedingt vermeiden will. Deswegen legt er sofort wieder nach. Der rasche Wirkungseintritt und der minutenschnelle Wechsel zwischen extremem Hoch und extremem Tief macht die Gefährlichkeit der Substanz aus. Crack wurde ursprünglich für schwer süchtige Kokainkonsumenten mit ausgeprägter Toleranz designt, etablierte sich aber bald als Billigdroge bei den amerikanischen Jugendlichen und wird vor allem in der untersten sozialen Schicht, besonders in Großstadtghettos verwendet.

Seit Mitte der 1980er-Jahre wird eine Reihe von Morphinabkömmlingen als »neues Heroin«, als *the worlds finest heroin* auf dem illegalen Markt angeboten, wobei die Herstellung ziemlich schwierig ist. Die Stammsubstanz bildet ein in der Vormedikation von Narkosen verwendetes, sehr starkes Schmerzmittel namens Fentanyl. Deren veränderte Abkömmlinge übertreffen die normale Morphinwirkung um das 100- bis 5000-Fache, sodass mit diesem Heroinersatz große Gruppen von Fixern über einen längeren Zeitraum hinweg versorgt werden könnten.

Der Großteil der Designerdrogen – im Szenejargon werden diese Substanzen als Speed, Crystal oder Crack bezeichnet – leitet sich vom Amphetamin ab. Im Szenejargon werden diese Substanzen als Speed, Crystal oder Crack bezeichnet.

Ähnlich wie zur Zeit des Zweiten Weltkrieges und in den nachfolgenden Jahrzehnten scheinen die Designerdrogen auch derzeit mit dem Kokain am Schwarzmarkt zu konkurrieren, wofür insbesondere der ewige Preis verantwortlich ist. Der bekannteste Vertreter aus dieser Gruppe ist das MDMA, das in den 1980er-Jahren unter dem werbewirksamen Namen Ecstasy im großen Stil auf den illegalen Markt gebracht wurde. Ecstasy, das ursprünglich aus Muskatnuss und Petersilie deriviert wurde, konnte im Jahre 1914 durch eine deutsche Pharmafirma synthetisiert werden. Der Plan, die Substanz als Abmagerungsmittel auf den Markt zu bringen, wurde wegen schon damals beobachteter starker Nebenwirkungen aufgegeben. In den Jahren 1950 bis 1960 experimentierte die US-Armee auf der Suche nach einem »Wahrheitsserum« mit Ecstasy. Von dort gelangte es auf die Straße und fand eine weite Verbreitung. 1985 wurde das Mittel, das bis dahin auch zu Heilzwecken zugelassen war, in den USA verboten, übrigens gegen heftigen Widerstand der Amerikanischen Psychoanalytischen Vereinigung, die die Substanz zur (scheinbaren) Beschleunigung psychotherapeutischer Prozesse verwendete. Wegen seines Rufs als Kraft- und Kreativitätsspender, als Entspannungs- und Potenzmittel fand es auch in Europa eine riesige, bis heute anhaltende Verbreitung. Im Jahre 1992 wurde über sieben Disco-Todesfälle von ansonsten völlig gesunden jungen Männern berichtet, die an einem durch Herzrhythmusstörung, Fieber und vermehrten Flüssigkeitsverlust ausgelösten Kollaps infolge von Ecstasykonsum verstorben waren. Seit damals ist das Bewusstsein für die Gefährlichkeit dieser Substanz gewachsen.

Durch die Herstellung von immer neuen Designerdrogen ist die Entwicklung in der internationalen Drogenszene beinahe unkalkulierbar geworden. Es lässt sich einerseits kaum vorhersehen, welche Substanzen mit welchem Effekt und welchen gesundheitlichen Auswirkungen sich durchsetzen werden. Andererseits versagen die traditionellen Methoden der Drogenbekämpfung weitgehend: Die Grundsubstanzen bestehen aus beinahe unbegrenzt zur Verfügung stehenden, legal im Handel erwerbbaren, billig zu erzeugenden Chemikalien, deren Verarbeitung zu höchst potenten Rauschmitteln vielfach in »Waschküchenlabors« schnell und einfach möglich ist.

Das Beispiel der Designerdrogen zeigt, wie sehr Drogengebrauch und -missbrauch vom jeweiligen Zeitgeist und der modernen Lebensform geprägt werden. Ganz der Suche nach Abwechslung, Sensation und Kick entsprechend, lassen die Designerdrogen unendliche Variationen, immer neue Zusammensetzungen und nahezu individuelle Zubereitungen zu. Diesem Bedürfnis wird durch ständig wechselnde äußere Gestaltungen, durch die Vielfalt der Pillen Rechnung getragen. Erinnern die Kombinationsmöglichkeiten, die immer neuen Sensationen und die große Vielfalt nicht an das Zappen vor dem Fernsehgerät oder das Klicken im Internet? Gerade bei Ecstasy sind die Ähnlichkeiten verblüffend. Die Droge gibt das Gefühl, mit der ganzen Welt zu kommunizieren und sich gleichzeitig in die eigene Großartigkeit zu versenken. Ist das nicht auch die Situation dessen, der das große Netz nützt?

Mit Designerdrogen kann man vieles intensiver erleben, auch den Freizeitspaß. Die heutige Generation ist durchaus bereit, sich den Leistungsanforderungen der Gesellschaft anzupassen und diese zu erfüllen. Sie hat nicht mehr den destruktiven Zug der Heroinzeit und vermeidet das Risiko des Spritzens und die Gefahren der ganz harten Drogen. Sie will aber nicht nur hart arbeiten, sondern auch intensiver genießen, sei es im Discovergnügen, beim Snowboarden oder anderen »Fun-Aktivitäten«. Die Designerdrogen machen dies möglich. Die Frage des Preises ist noch nicht definitiv beantwortet.

Missbrauch und Abhängigkeit von Medikamenten stellen zweifelsohne das Suchtproblem der Zukunft dar. Diese Zukunft ist vielleicht ein menschliches Dasein, das ganz von chemischer Steuerung und pharmakologischer Manipulation bestimmt wird. Es wird für jedes Problem, jedes negative Gefühl und jedes Versagen ein Pulver geben. Wir können damit Ärger und Sorgen vertreiben, den Schlaf verbessern und den Appetit regulieren, unsere Bedürfnisse und Triebe steuern. Es wird keinen Kummer, keine Enttäuschung, keine Sorgen mehr geben. Geht dann aber nicht auch das Menschliche, das, was unsere Daseinsform ausmacht, verloren? Werden wir somit nicht – Vergleiche mit den Möglichkeiten der Gentechnik drängen sich auf – zu gefühl- und willenlosen Retortenwesen? Wir sollten vielleicht bedenken, dass wir die Medikamente nicht selbst einsetzen, sondern mit diesen im wahrsten Sinn des Wortes in einen künstlichen Zustand versetzt werden. Und übersehen wir die Gefahr nicht, dass psychotrope Substanzen zu politischen oder gar zu militärischen Zwecken missbraucht werden könnten.

Das böse Spiel

Der Mensch kann nicht nur als ein denkendes (Homo sapiens) und ein arbeitendes (Homo faber), sondern auch als spielendes Wesen (Homo ludens) betrachtet werden. Spielen ist eine universell verbreitete menschliche und auch tierische Eigenschaft, die als übende Vorbereitung für das Leben und den Überlebenskampf dient. Daneben bietet das Spiel dem Menschen eine vorzügliche Möglichkeit zur Umsetzung überschießender Lebensfreude, zur Übung in Geschick und Selbstbeherrschung oder zur Abreaktion aggressiver Triebe. Letztlich kann Spielen als besondere Form des Daseins in der Kultur betrachtet werden. Im Gegensatz zu den Geschicklichkeits- und Nachahmungsspielen zielt das Glücksspiel ausschließlich auf den Zufall ab und wird definiert als »geregeltes Spiel, dessen Ausgang mit Gewinnerwartung und Verlustrisiko verbunden ist«.

Der Ursprung des Spielens und des Glücksspieles wird in den Mysterien der Antike, in der Wahrsagung und in der Religion vermutet. Die daraus resultierende Faszination für Magie findet auch heute beim Spielen in irrationalen Kontrollüberzeugungen und magisch anmutenden Ritualen ihren Niederschlag.

Das Glücksspiel lässt sich historisch weit zurückverfolgen. Bereits in der griechischen Mythologie nimmt es eine wesentliche Rolle ein. Aus China wird berichtet, dass Kaiser Yoa um 2100 v. Chr. das Glücksspiel eingeführt haben soll.

Im Lauf der Geschichte war das Spielen einem ständigen Wechsel von Untersagung und Wiedergenehmigung durch die staatliche Obrigkeit unterworfen. Schon im alten Rom führte die starke Verbreitung des Glücksspiels, vom Dichter Juvenal (etwa 60–140) als »das größte aller Laster« bezeichnet, zu einem generellen Verbot. Eine gute Beschreibung der Spielleidenschaft in dieser Zeit liefert Tacitus (51–116): »Das Würfelspiel aber betreiben sie, was zu verwundern ist, nüchternen Zustandes, als etwas Ernsthaftes mit solchem Leichtsinn bei Gewinn und Verlust, dass sie, wenn ihnen gar nichts mehr geblieben ist, ihre Freiheit und ihre Person an den allerletzten Wurf wagen […].«

Auch im arabischen Raum wurde das Spielen sehr kritisch gesehen. Der Prophet Mohammed warnte, dass »der Wein und das Glücksspiel Gräuel von Satans Werk« seien.

Über römische Legionäre wurde das Glücksspiel zu den Germanen gebracht. Der Spielcharakter änderte sich mit der Einführung des Geldes. Der Staat versuchte, das Problem der Spielschulden durch Konzessionen im 13. Jahrhundert in den Griff zu bekommen. Gegen Ende des 19. Jahrhunderts kannte man vier Suchtformen: die Trunksucht, die Morphiumsucht, die Kokainsucht und die Spielsucht. Unter diesen gilt in der Wissenschaft die Spielsucht bis heute als die »reinste«, da es keine toxischen Überlagerungen und Verzerrungen durch eine Droge gibt.

Es existieren unzählige verschiedene Formen des Glücksspiels, es reicht von einfachen Knobeleien bis zu Aktiengeschäften, vom Lottospiel bis zu Pferdewetten. Manche Spielformen sind kostenintensiv und setzen die personale Anwesenheit des Spielers voraus, andere dagegen sind völlig anonym und finden auf niedrigem Preisniveau statt. Mit der Möglichkeit des Glücksspiels über das Internet hat die Verbreitung des pathologischen Spielens, bei dem es eine enorme Dunkelziffer gibt, einen Quantensprung gemacht. Durch die nahezu flächendeckende, allzeit bestehende Verfügbarkeit sind viele Menschen, die sonst nie ein Casino oder ein Wettcafé betreten hätten, in den Sog des gewinnorientierten Spiels geraten. Angesichts täglicher Meldungen über unglaubliche Umsatz- und Zuwachsraten beim Spiel erheben sich die Fragen, ob die menschlichste Sucht nicht immer mehr »versachlicht« und ob die älteste Form süchtigen Verhaltens nicht auch jene mit der größten Zukunft sein wird.

Die Häufigkeit des krankhaften Spiels wird heute auf etwa 1,2 Prozent, bei manchen Subgruppen auf bis zu 11,5 Prozent geschätzt. Bei keiner anderen Suchtform erweist es sich als so schwierig, den genauen Übergang zwischen Leidenschaft und Sucht zu erfassen und genaue Zahlen über die Größe des Problems zu erhalten. Oft ist Glücksspiel mit anderen Süchten, aber auch mit Depressionen und Panikstörungen assoziiert. Aus allen internationalen Untersuchungen ergibt sich übereinstimmend, dass das pathologische Spielen, bei welchem genetische Faktoren ja nur einen geringen Teilfaktor darstellen, keine konstante epidemiologische Größe ist, sondern sehr stark durch soziodemographische Umstände, durch soziale und gesellschaftliche Entwicklungen und durch die Verfügbarkeit (Zugänglichkeit, Griffnähe) des »Suchtmittels« geprägt wird.

Nach der aktuellen Studie des deutschen Bundeszentrums für gesundheitliche Aufklärung für das Jahr 2015 haben 77,6 Prozent der 16–70-jährigen Bevölkerung (männlich 82,2 Prozent, weiblich 73,0 Prozent) Glücksspielerfahrung, also irgendwann im Leben schon einmal an einem Glücksspiel teilgenommen. In den 12 Monaten vor der Befragung hatten 37,3 Prozent mindestens einmal gespielt.

Zu beachten ist ferner, dass diese Trends in den Altersgruppen unterschiedlich sind. So ergaben weitere differenzierte Analysen bei 18–20-jährigen Männern im Altersgruppenvergleich nicht nur die höchsten Teilnahmen an illegalen Sportwetten im Jahr 2015, sondern zugleich auch den stärksten Anstieg gegenüber der vorangegangenen BzgA-Studie. Die Teilnahmequote 2015 ist in dieser Gruppe noch einmal höher, wenn ein Migrationshintergrund vorliegt (18,9 Prozent versus 11,1 Prozent ohne Migrationshintergrund).

Fjodor Michailowitsch Dostojewski (1821–1881), selbst der Ludomanie erlegen, hat in seinem berühmten Roman *Der Spieler* (1866) das Wesen des pathologischen Spielens beschrieben: »Vielleicht wurde meine Seele durch die vielen Empfindungen während des Glücksspiels nicht in höherem Maße befriedigt, sondern nur gereizt und verlangte nach immer stärkeren Empfindungen – mehr und mehr, bis sie schließlich völlig erschöpft war.«

Das Spiel, das der Vorbereitung auf den Kampf des Lebens, dem lustvollen Erwerb von Fähigkeiten, dem konstruktiven

Wettbewerb und dem Vergnügen dient, kann wie jede andere menschliche Verhaltensweise unter bestimmten Bedingungen zur Ersatzhandlung, zur Gewohnheit, ja sogar zur Abhängigkeit und Sucht werden. Aus zahlreichen wissenschaftlichen Untersuchungen ist bekannt, dass die meisten Menschen mit dem Spielen nie Probleme bekommen, dass aber ein immer größer werdender Teil an krankhaftem Spielen, an der Spielsucht im eigentlichen Sinne, leidet.

Das pathologische Spielen erfüllt alle Kriterien der Sucht: Es führt zum Kontrollverlust, zur Abstinenzunfähigkeit, zur Steigerung von Dosis (= Höhe des Einsatzes) und Spielfrequenz, zur Einengung sämtlicher Lebensinteressen auf das Spielen, zu gesellschaftlichem Abstieg und letztlich zur Änderung des ganzen Wesens. Die Spielsucht unterscheidet sich von substanzgebundenen Süchten eigentlich nur durch das Fehlen der körperlich-toxischen Auswirkungen des Suchtmittels, alle anderen Kriterien der süchtigen Fehlhaltung, vor allem das unwiderstehliche Verlangen nach dem Glücksspiel und der Kontrollverlust nach Beginn des Spielens, sind hingegen erfüllt.

Die pathologischen Spieler, welche neben den Gelegenheits- und Gewohnheitsspielern, den professionellen und sozialen Zockern eine Minderheit ausmachen, werden in *subkulturelle*, *impulsive*, *neurotische*, *symptomatische* und *persönlichkeitsgestörte* eingeteilt. Die »idealtypische« Persönlichkeit des Spielsüchtigen lässt sich mit erhöhter Risikobereitschaft, steter Orientierung nach anderen (Extraversion), Neigung zu Depressionen und neurotischer Erlebnisverarbeitung sowie Tendenz zu Irrationalismus und magischem Denken beschreiben. Als tiefenpsychologische Ursachen werden unbewusste Selbstbestrafungstendenzen, kindliche Allmachtsfantasien, latente Rebellion gegen die Gesellschaft, narzisstische Größenideen und das Schaffen einer sexuellen Äquivalenz, aber auch das Streben nach der intensiven »Angst-Lust-Spannung« sowie das vor allem aus lerntheoretischer Sicht interessante *Chasing* (= dem Gewinn hinterherjagen) genannt.

Nicht alle Glücksspieler leiden an pathologischer Spielsucht. Bei vielen handelt es sich um Gelegenheits- oder soziale Spieler. Der bekannte deutsche Glücksspielforscher Gerhard Meyer hat verschiedene Gruppen von Spielern aufgeführt.

Der *intensive soziale Spieler*: Spielen ist für ihn eine wesentliche Quelle für Entspannung, Spaß und Anregung. Er spielt häufig und gern in seiner Freizeit, ohne dabei familiäre, berufliche oder soziale Bereiche zu vernachlässigen.

Der *problematische Spieler* weist Persönlichkeitsdefizite auf. Für ihn bildet das Glücksspiel eine Problemlösungsstrategie. Er weist aber noch keine Kontrollverluste auf.

Der *Gewohnheitsspieler* spielt dauerhaft, um einen hedonistischen Effekt zu erzielen oder um an viel Geld zu kommen. Er kann sein Spielverhalten noch kontrollieren und dieses bei finanziellen Problemen auch einschränken.

Der *professionelle Spieler* gehört zu einer kleinen Gruppe von Personen, die das Spiel vorrangig nutzen, um den Lebensunterhalt zu verdienen. Ansonsten hat das Spiel auf diese vornehmlich im illegalen Bereich anzutreffenden Personen keinen Reiz.

Die Spielkrankheit

Jede Sucht ist durch das innere zwingende Bedürfnis, sich immer wieder auf dieselbe Art und Weise Befriedigung zu verschaffen, gekennzeichnet. Das zwanghafte Spielen kann Ausdruck einer seelischen Krise, einer neurotischen Fehlentwicklung oder einer Persönlichkeitsstörung sein. Krankhaft wird das Spielen dann, wenn ein Individuum nach dem Beginn des Spielens die Kontrolle über die Dauer und Höhe des Geldeinsatzes verloren hat und so lange weiterspielt, bis kein Geld mehr zur Verfügung steht. Wenn die betroffene Person dann noch unfähig ist, sich des Spielens zu enthalten, spricht man von »pathologischem Glücksspiel«, welches durch folgende Symptome gekennzeichnet ist:

- Die gedankliche und tatsächliche Beschäftigung mit dem Glücksspiel oder damit, das Geld dafür zu besorgen, wird zum zentralen Lebensinhalt.
- Es wird länger und mit höheren Beträgen gespielt, als dies eigentlich beabsichtigt wurde. Es tritt also – wie bei einem Alkoholsüchtigen – der sogenannte »Kontrollverlust« ein.
- Das Bedürfnis wächst, die Höhe der Einsätze oder die Häufigkeit des Spiels zu steigern, um die angestrebte lustbetonte Erregung zu erreichen. Es entwickelt sich daher eine zunehmende Toleranz.
- Wenn nicht gespielt werden kann, treten innere Unruhe oder Reizbarkeit auf, die erst bei der Wiederaufnahme des Spiels verschwinden. Diese Phänomene kann man zu Recht als Entzugserscheinungen bezeichnen.

- Die Abstinenzunfähigkeit zeigt sich im wiederholten gescheiterten Versuch, das Glücksspiel einzuschränken oder aufzugeben.
- Wiederholte Verluste beim Glücksspiel stacheln dazu an, diese wieder zurückzugewinnen. Der Süchtige jagt den Verlusten ständig hinterher (*Chasing*).
- Der Zwang zum Spiel wird so stark, dass man soziale oder berufliche Verpflichtungen vernachlässigt und die Interessen ganz auf das Spiel konzentriert (*Interessensabsorption*).
- Das Glücksspiel wird trotz der sichtlichen Schäden (wachsende Schulden, berufliche Probleme, Gesetzeskonflikte) fortgesetzt, auch wenn man weiß, dass diese Probleme durch das Spielen verstärkt werden.

Lassen wir noch einmal Dostojewski zu Wort kommen, der dieses Verlangen, diese Gewalt so trefflich beschrieben hat: »Bald hatte ich begriffen, dass es sich hier nicht um eine einfache Willensschwäche handelte, sondern dass das Spiel eine alles verzehrende ungestüme Leidenschaft, eine Elementargewalt war.«

Wie bei der Drogenabhängigkeit drehen sich alle Gedanken bald nur noch um das Spiel. Familie, Beruf und Interessen werden immer mehr zur Nebensache, bis schließlich das gesamte Verhalten und Erleben auf das Glücksspiel ausgerichtet ist. Die angestrebte, lustvolle Erregung wird jedoch kaum noch erlebt.

Beim Glücksspielentzug kann es neben psychischen Wirkungen wie Lustlosigkeit auch zu vegetativ-physischen Auffälligkeiten, etwa zu Schweißausbrüchen, Zittern oder motorischer Unruhe kommen – eine weitere Parallele zwischen stoffgebundenen und nicht stoffgebundenen Abhängigkeiten. Da die physische Gesundheit des Spielers aber nicht direkt betroffen ist, hat die Gefahr der Abhängigkeit beim Glücksspiel in der öffentlichen Diskussion nicht den Stellenwert wie die Alkohol- beziehungsweise Drogenabhängigkeit.

Ähnlich wie jeder andere Abhängige ist auch der Spielsüchtige lange Zeit unfähig, Verluste einzugestehen oder Beweise für Gewinne, falls solche behauptet werden, vorzubringen. Der pathologische Spieler spielt allerdings nicht mehr um des Geldes willen, sondern er spielt, um zu spielen. Er will durch das Spielen einen bestimmten Erlebniszustand erreichen, Alltagsproblemen entfliehen, Ängste überspielen und depressive Gefühle verdrängen. Das Spiel versetzt ihn in Euphorie und Erregung, in einen wechselnden Zustand von lustvoller Freude bei Gewinnen und permanenter Angst vor Verlusten, den man treffend als »Angst-Lust-Spannung« beschreibt.

Wie bei der Erklärung jeglicher Abhängigkeit muss auch beim krankhaften Glücksspiel von einem multifaktoriellen Bedingungsgefüge mit folgenden Komponenten ausgegangen werden: von der spezifischen Wirkung des Glücksspiels, den spezifischen Eigenschaften des Individuums und den Besonderheiten des Sozialfeldes.

Die eigentlichen Ursachen des Glücksspiels sind zunächst wohl im ganz normalen Spielgefühl zu suchen. Dieses besteht in einem Wechsel zwischen Aufbau und Lösung einer emotionalen Spannung, in lustvoller Erregung und in rascher Änderung der Befindlichkeit. Das wird als angenehm erlebt. Der

Spieler befindet sich in einem Zustand euphorischen Erlebens, im Rausch, der mit dem durch Drogen hervorgerufenen durchaus zu vergleichen ist. Die Hirnforschung glaubt, in jüngster Zeit die neurochemischen Grundlagen dieses Vorgangs in Störungen der »Glückshormone« nachgewiesen zu haben.

Man hat sich weiter gefragt, ob Spieler bestimmte Persönlichkeitseigenschaften besitzen. In großen Untersuchungen wurden bei Spielsüchtigen tatsächlich verschiedene charakteristische Züge gefunden. Sie neigen vermehrt zu Verstimmungszuständen und Impulsivität, sie sind meist eher extrovertiert und zeigen auch im sonstigen Leben eine erhöhte Risikobereitschaft. Daneben kann man bei Glücksspielern, die meist eine durchschnittliche Intelligenz besitzen, eine klare Tendenz zu Irrationalismen und zu magischen Ideen finden. So glauben sie häufig, die Kugel gedanklich beeinflussen und ihren Lauf durch »Hirnwellen« steuern zu können. Spielsüchtige, die laut verschiedenen Tests oft unangepasst, aufsässig und auch aggressiv sind, können viel weniger als andere Personen aus Erfahrungen, zum Beispiel jenen des Verlustes, lernen.

Nach tiefenpsychologischen Theorien sind Spielsüchtige in kindlichen Allmachtsfantasien stecken geblieben und glauben, mit magischen Kräften das Schicksal kontrollieren zu können. In der psychoanalytischen Vorstellung gilt der Spielrausch als »Äquivalent des alten Onaniezwangs«, die mit dem Spiel verbundene »Angst-Lust-Spannung« sei deswegen eindeutig sexuell getönt. Auch dem unbewussten Wunsch zu verlieren wird von psychoanalytischer Seite große Bedeutung beigemessen. In der Spielsituation regiere eine »Lusttrias«, bestehend aus kindlicher Allmachtsfiktion, latenter Rebellion gegen das elterliche Realitätsprinzip und Exhibition, der eine »Straftrias«, die sich aus unbewussten Bestrafungswünschen, verdrängten homosexuellen Bewältigungsversuchen und sozialer Anrüchigkeit zusammensetze, gegenüberstehe. Nach dieser Vorstellung ist das Spielen eine verbotene, Schuld aktivierende Tätigkeit, welche durch den Verlust die angestrebte Selbstbestrafung mit sich bringt. Dadurch werde das psychische Gleichgewicht wieder hergestellt. Sigmund Freud hat das Phänomen der Spielsucht vor allem am Beispiel des spielsüchtigen Dostojewski, an dem er ödipale Konflikte, narzisstische Züge, masochistische Tendenzen und Selbstbestrafungswünsche festzustellen vermeinte, beschrieben.

Das wissenschaftlich am besten fundierte Erklärungsmodell liefert die Lerntheorie. Diese sieht in Abhängigkeitsentwicklungen immer einen nervös-organischen Lernprozess, in welchem die Stimulierung und Entspannung des zentralen Nervensystems zu Lust führe. Gewinn und sofortige Auszahlung sind kraftvolle Verstärker, die wesentlich wirksamer sind als die Gegenregulationen bei Spielverlust. Das breite Spektrum an Gewinnchancen und Einsätzen, die hohe Frequenz der rollenden Kugel oder des reagierenden Automaten, die kurzen Auszahlungsintervalle fördern das Spielverhalten. Durch digitales Anzeigen oder Umwechseln des Geldes in Jetons wird das finanzielle Wertsystem verschleiert und der eigentliche Verlust nicht direkt erlebt.

Von soziologischer Seite werden die Vorbildfunktion des exzessiven Glücksspielers innerhalb von Gruppen Gleichaltriger und die in den letzten Jahren zu beobachtende Gewöhnung der Menschen an apersonale Mittel wie Drogen und virtuelle Realitäten durch Fernsehen, Internet, soziale Medien und auch manche Formen des Glücksspiels betont.

Wie alle Suchterkrankungen weist auch das krankhafte Glücksspiel eine phasenhafte, chronifizierte Entwicklung auf, welche vom Glücksspiel als Freizeitbeschäftigung bis zur exzessiven Spielsucht mit Krankheitswert reicht. Das pathologische Spielverhalten entwickelt sich in drei Phasen. In der *Einstiegsphase*, dem durchschnittlich zweieinhalb Jahre dauernden positiven Gewinnstadium, kommt es zu ersten Kontakten mit dem Glücksspiel, zu gelegentlichen Aufenthalten in Wettbüros und Casinos und allmählich zu immer häufigeren Besuchen der Spielstätten. Das Spielen ist vorerst nur auf Gewinn ausgerichtet, wobei dieser der eigenen Tüchtigkeit und Schlauheit, aber nicht dem Zufall zugeschrieben wird. Die sehr positiv erlebten Gewinnsituationen sind mit der Entwicklung von unrealistischem Optimismus und Wunschträumen verbunden. Das Selbstbewusstsein des Spielers wird mehr und mehr von Erfolgen im Glücksspiel abhängig.

Im kritischen *Gewöhnungsstadium* gewinnt das Chasing an Bedeutung. Der Spieler jagt Verlusten hinterher und setzt immer mehr Geld ein, um sich schadlos zu halten. Gleichzeitig wird er, angetörnt von Gewinnfantasien, immer noch risikofreudiger. Er belügt sich und andere, um finanzielle Verluste erklären beziehungsweise verbergen zu können. Die Abstinenzphasen werden kürzer, die Spielintensität wird gesteigert, es kommt zur Toleranzentwicklung. Diese Phase dauert durchschnittlich vier bis fünf Jahre.

Zwangsläufig sich einstellende Verluste werden bagatellisiert, da sich der Spieler nach seinen früheren Gewinnerfahrungen mit höheren Verlusten nicht mehr abfinden kann. Im Bestreben, die Verluste wieder zurückzugewinnen, verliert er allmählich die Kontrolle über sein Spielverhalten. Er spielt häufiger, setzt höhere Beträge ein, nimmt Kredite auf, vernachlässigt Familie und Freunde oder spielt in der Arbeitszeit. Durch den ständigen Versuch, Verluste durch ein erneutes Spielen wiedergutzumachen, dauert die Aufholjagd an. Sofern jemand aus der Familie die Spielschulden auf einen Schlag begleicht, hat dies für den Spieler die Qualität eines zweiten *Big Wins*.

Wenn ein Spieler die dritte Phase, das *Suchtstadium*, erreicht, stehen Verlust und Gewinn im Hintergrund. Der Spieler spielt, um einen Kick zu erleben, um sich zu entspannen und um sich von psychischen Problemen abzulenken. Er will seine Schwierigkeiten mehr oder minder einfach wegspielen. Jetzt sind alle Kennzeichen der Sucht, nämlich Toleranzentwicklung, psychische Abstinenzsymptome, Kontrollverluste, Verzerrung des Denkens, rauschartige Erlebnisse während des Spiels und Schuldgefühle nach Totalverlusten, Persönlichkeitsveränderung mit Selbstverachtung und Depression sowie sozialer Abstieg zu beobachten.

In dieser Phase der Verzweiflung wird das Glücksspiel zum zentralen Lebensinhalt. Familie und Beruf sind nicht mehr wichtig. Das Spielen wird noch risikoreicher fortgesetzt. Der Schuldenberg nimmt zu, die Beschaffung des Geldes erfolgt mitunter auf illegalem Wege. Vor dem Spiel machen sich zunehmend innere Unruhe und Gereiztheit bemerkbar. Nach dem Spielen treten häufig Gefühle der inneren Leere, der Hoffnungslosigkeit, der Depression auf. Oft verlagert sich die

Sucht vom Spiel auf den Alkohol oder auf Medikamente, manchmal treten suizidale Entwicklungen auf. Die Spielsuchtkarriere endet allzu oft im »Bilanzsuizid«.

Die Folgen exzessiven Spielens zeigen sich in Überschuldung, Ehe- und Familienproblemen, im Verlust des Arbeitsplatzes, in der Einengung der Interessen und der sozialen Kontakte, in psychischen Problemen und in der Sucht-Folge-Kriminalität.

Ist die Spielsucht heilbar?

Die Behandlung des krankhaften Spielens richtet sich nach den Basisstörungen. Ziele der zur Anwendung kommenden psychotherapeutischen Methoden sind der Abbau von Ängsten, der konstruktive Umgang mit Konflikten, die Überwindung von Kontaktschwierigkeiten, die Verbesserung von Durchsetzungsvermögen und Selbstsicherheit, die Festigung der Impulskontrolle und die Stimmungsregulierung. Bewährt haben sich besonders psychotherapeutische Einzelgespräche, Gruppentherapie und verhaltenstherapeutische Maßnahmen. Für viele Spielsüchtige bedeutet der Anschluss an eine Selbsthilfegruppe eine große, langfristige Hilfe. In manchen Fällen kommen auch die Stimmung stabilisierende Medikamente oder Substanzen, welche das Suchtverlangen, das *Craving*, unterdrücken, zum Einsatz.

Wichtig ist es, dass die Spielsüchtigen lernen, realistische Ziele zu formulieren, Veränderungen in kleinen Schritten zu beginnen und Bedürfnisse hintanzustellen. Damit begegnen sie am besten jener Grundstörung des Spielsüchtigen, die notwendigen Änderungen ständig aufzuschieben, die E. T. A. Hoffmann (1776–1822) im *Spielerglück* (1819/20) so treffend beschrieben hat: »Heute muss ich tun, was ich nicht zu lassen vermag – aber morgen, morgen sind alle deine Sorgen aus, denn bei dem ewigen Verhängnis, das über uns waltet, schwör ich's, ich spiele heute zum letzten Mal.«

Unter den psychotherapeutischen Verfahren ist die sehr zeit- und kostenaufwendige psychoanalytische Behandlung gegenüber der Verhaltenstherapie, die sich vornehmlich der Desensibilisierung und der Aversionsbehandlung bedient, in den Hintergrund getreten. Die Einbeziehung des Ehepartners in die Therapie ist mehr und mehr üblich geworden und hat sich, da der Spieler nicht selten »Symptomträger« in einer nur äußerlich intakten Familie ist und durch sein »Sündenbock-Verhalten« das eingespielte innereheliche Gleichgewicht aufrecht erhält, sehr bewährt. Besonders in den USA haben sich in den letzten Jahren viele Süchtige zu anonymen Selbsthilfegruppen (*Gamblers Anonymous*) zusammengeschlossen und erzielen für ihre Mitglieder auf ähnliche Weise wie die weltweit bewährten Anonymen Alkoholiker oft gute Erfolge.

Professionelle Hilfe soll ermöglichen, die Isolation des Spielsüchtigen zu beenden, ihn in Krisensituationen zu entlasten, die Wahrnehmungsfähigkeit hinsichtlich des Ausmaßes der eigenen Spielsucht zu erkennen, die Abwehrmechanismen zu durchbrechen und das Ziel der Spielfreiheit anzustreben. Letztlich unterscheidet sich die Therapie mit Ausnahme des somatischen Aspekte nicht von jener bei Alkohol- oder Drogensucht. Von großer Wichtigkeit sind Schuldenberatung und Hilfe bei der Schuldensanierung. Wie bei jeder Sucht liegt aber der Erfolg der Heilung ausschließlich in der Hand des Süchtigen. Gerade beim Spieler ist die Gefahr gegeben, dass er mit Therapeuten und Abstinenz spielt, indem er auf spielerische Weise versucht, die Sperren der Casinos zu umgehen. In einer Welt, in der die Möglichkeit zum Glücksspiel geradezu explosionsartig steigt, wird es aber mehr denn je auf seine Selbstheilungskapazität ankommen.

Rauchen: Festsaugen am Serienkiller

Raucher sind derzeit wirklich zu bedauern. Nicht nur, weil sie wegen ihrer das Leben kontinuierlich verkürzenden Sucht ohnehin unser Mitleid verdienen, sondern wegen der »Verfolgung«, der sie sich gegenwärtig ausgesetzt sehen. Die Zigaretten werden ständig verteuert und die Steuern auf Tabak erhöht, immer mehr Vorschriften und Verbote verdrängen Raucher aus öffentlichen Räumen, ihr Ansehen sinkt in den Keller. Während Rauchen früher als cool, lässig, überlegen, ja sogar als hochkultiviert gegolten hat, soll es jetzt ein selbst- und fremdschädigendes Laster, ein undiszipliniertes Verhalten, eine Unkultur sein. Erinnern Sie sich noch an die Filme aus den 1960er- und 1970er-Jahren, in denen der Held ein Raucher war, jede Verfolgungsjagd und Schlägerei mit dem Rauchen einer »Erholungszigarette« endete und mindestens während der Hälfte der Spielzeit eine Zigarette irgendwo im Bild war? Zwischenzeitlich hat sich die Filmindustrie gebessert, der Protagonist muss nicht mehr Whiskytrinker oder Kettenraucher sein, er darf gesundheitsbewusst und sportlich leben.

Rauchen ist tatsächlich verführerisch. Mit Zigaretten oder Zigarren lassen sich auf subtile Art angenehme Effekte erzielen, ohne dass es zu Kontrollverlusten oder Berauschungen kommt. Die Art, wie die Zigarette aus dem Päckchen gezogen, angezündet und zum Mund geführt, wie daran gezogen und wie der Rauch ausgestoßen wird, ruhig oder zügig, fließend oder hastig, verleiht der Persönlichkeit Ausdruck und vermittelt intensives Lebensgefühl. Raucher behaupten, sich beim Rauchen völlig entspannt, kontrolliert und überlegen zu finden und die allerbesten Ideen zu haben. Könnte es nicht sein, dass Raucher gar nicht so selbstsicher sind, sondern stets etwas brauchen, an dem sie sich festhalten, mit dem sie ihre Hände beschäftigen und sich so beruhigen können?

Die Zahlen zum Rauchen sind eindrucksvoll und eigentlich nicht vorstellbar. Weltweit rauchen über eine Milliarde Menschen, zwei Drittel davon leben in den Entwicklungsländern. Bei Frauen hat die Häufigkeit des Rauchens in den letzten zehn Jahren zugenommen (von 27 auf 29 Prozent), bei Männern ist sie dagegen leicht zurückgegangen (von 39 auf 37 Prozent). Auch der Umsatz der Zigarettenindustrie sinkt seit einigen Jahren, wenngleich Schlagworte vom »Röcheln« und Tod der Tabakkonzerne reichlich übertrieben scheinen. Zu denken gibt die Zunahme des Nikotinkonsums bei Kindern und Jugendlichen. Wir müssen davon ausgehen, dass schon 30 Prozent der 12- bis 15-Jährigen rauchen. Weltweit werden pro Jahr 5,6 Billionen Zigaretten hergestellt, der Umsatz der gesamten Tabakindustrie kann nur geschätzt werden. Er dürfte zwischen einer halben und einer Billion Euro liegen. In Europa zahlt jeder Raucher pro Jahr mindestens 250 Euro an die Tabakindustrie.

Nikotin darf unzweifelhaft als der Killer Nummer eins gelten, da es das am weitesten verbreitete Suchtmittel ist und zudem schwerste gesundheitliche Auswirkungen hat. Nikotin stellt aber keine Droge im klassischen Sinn dar, weil die Substanz das Bewusstsein nicht direkt beeinträchtigt und keinen berauschenden Effekt hat.

Rauchen schädigt mit hoher Effizienz: Das Rauchen fordert weltweit pro Jahr 4,2 Millionen und in Europa 1,2 Millionen Menschenleben. 1,7 Millionen Todesfälle sind auf Herz-Kreislauf-Störungen, eine Million auf chronische Lungenerkrankungen und fast eine Million auf Lungenkrebs zurückzuführen. Nach Schätzungen sind im vergangenen Jahrhundert 100 Millionen Menschen an den Folgen des Rauchens gestorben. Wenn die Entwicklung so weitergeht, werden im 21. Jahrhundert eine Milliarde Menschen durch das Rauchen ihr Leben verlieren. Man stelle sich vor: Tabak tötet mehr Menschen als Verkehrsunfälle, Morde, Selbstmorde, Aids und Rauschgifte zusammengezählt! Besonders tragisch ist es, dass die Hälfte der durch Tabak verursachten Todesfälle das beste Alter, die Gruppe der 35- bis 69-Jährigen, betrifft.

Das sogenannte Passiv- oder Umweltrauchen erhöht das Risiko der unfreiwilligen Mitraucher für Herzinfarkt und Lungenkrebs um je 30 Prozent. Einer von 20 Toten infolge des Tabakrauchs geht auf das Konto des Passivrauchens. Auch der plötzliche Kindstod wird mit Passivrauchen in Verbindung gebracht.

Ist die Zigarette zu allem Übel auch noch eine Einstiegsdroge? Früher Tabakkonsum erhöht die Gefahr für späteren Alkohol- und Drogenmissbrauch ganz entscheidend. Bei einer Untersuchung des Konsumverhaltens jugendlicher Raucher stellte sich heraus, dass 74 Prozent der Raucher, aber lediglich 24 Prozent der Nichtraucher zusätzlich Alkohol konsumierten. 47 Prozent der Raucher hatten Erfahrungen mit Cannabis, neun Prozent mit Opiaten, während dieser Prozentsatz bei Nichtrauchern bei sechs beziehungsweise 0,4 Prozent lag.

Nach Schätzungen frisst die Behandlung von raucherbedingten Krankheiten 25 Prozent der gesamten Gesundheitskosten auf. Der Verlust, der durch geringere Produktivität wegen des Zeitverlustes durch das Rauchen und krankheitsbedingte Abwesenheit, durch Schäden an Gebäuden und an der Umwelt entsteht, ist noch gar nicht mitgerechnet. Es gibt zynische Berechnungen, wonach man am Rauchen verdiene, weil durch den vorzeitigen Tod Renten und Gesundheitskosten eingespart werden könnten. Ein berühmtes Zitat eines großen Zigarettenherstellers aus dem Jahr 2001 lautet: »Geht man von einem Verlust von 5,23 Lebensjahren bei einem durchschnittlichen Raucher aus, besteht im Zusammenhang mit dem Rauchen ein indirekt positiver Effekt auf die öffentlichen Finanzen, nämlich Einsparungen in den Gesundheitskosten, weniger Renten und weniger andere Unterstützungen […].«

Und warum rauchen wir trotzdem? Auch auf diese Frage gibt es keine schlüssige und allgemein gültige Antwort. Mit Sicherheit lässt sich sagen, dass sich keine Sucht außer dem Spiel, welches aber zumindest zeitlich limitiert ist, auf einer ähnlich tief verwurzelten Reflexprogrammierung abspielt wie das Rauchen. Sicher ist ferner, dass kein Verhalten derart von Umwelteinflüssen, von Vorbildwirkung, Gruppendruck und vor allem von Werbeeinflüssen abhängt wie das Rauchen.

Ebenso wenig bestehen Zweifel an der Schlüssigkeit der von oraler Frustrierung über narzisstischen Aufstieg im Rauch bis hin zu lerntheoretischen Vorstellungen reichenden psychologischen Modelle und Hypothesen zu den Hintergründen des Rauchens. Gleichfalls kann mit Bestimmtheit festgestellt werden, dass alle noch so stimmigen Erklärungen den Raucher nicht davon entbinden können, das Rauchproblem selbst zu lösen. Eine finale Betrachtungsweise ist bei diesem Problem jedenfalls viel hilfreicher als eine kausale.

Sind jugendliche Raucher tatsächlich unvernünftige, die eigene Gesundheit missachtende, verkappte Zeitlupenselbstmörder? Diesen Eindruck könnte man, wenn man die Entwicklung der Raucherstatistiken betrachtet, bekommen. Während erwachsene und ältere Menschen auf die Antiraucher- und Aufklärungskampagnen wirklich reagieren, scheinen Jugendliche, insbesondere des weiblichen Geschlechtes, geradezu paradox zu reagieren. Womit hat dies zu tun? Ein ganz wichtiger, meist übersehener Grund liegt in der Suche der jungen Menschen nach Selbstsicherheit und besserer Kommunikation. Die Zigarette in der Hand gibt das Gefühl der Überlegenheit, der Reife, des Erwachsenseins. Der Raucher kann sich, von hintergründiger Unsicherheit geplagt, an etwas festhalten und ein Gespräch gleichsam mit leuchtendem Stab dirigieren. Er kann, in der Erwachsenenwelt noch verunsichert, durch das Festsaugen an einem Mutterbrust-Ersatz in einen angenehmen Zustand regredieren. Im Rauchen findet er aber vor allem die Möglichkeit zur Kommunikation: »Hast du eine Zigarette, brauchst du Feuer?« sind Fragen, mit denen man selbst mit völlig unbekannten Menschen beim flüchtigen Treffen an einer Haltestelle oder in der Distanz eines öffentlichen Lokals in Kontakt treten kann.

Selbst für das Rauchen scheint eine genetische Grundlage zu bestehen. Nach derzeitigem wissenschaftlichen Kenntnisstand ist früher Beginn des regelmäßigen Rauchens und starker Tabakkonsum zu 30 bis 50 Prozent auf ein »Tabakgen« zurückzuführen. Man kann es kaum glauben, dass ein durch Einfluss der Werbung, den Druck der Kollegen, durch modische Strömungen und andere Einflüsse geprägtes Verhalten wie das Rauchen durch eine genetische Veranlagung verursacht sein kann.

Gibt es eine Raucherpersönlichkeit?

Diese oft gestellte Frage lässt sich nicht klar beantworten, da die Ergebnisse entsprechender Untersuchungen viel zu unterschiedlich, teils auch widersprüchlich sind und da ein komplexes Phänomen wie Süchtigkeit ohnehin nie durch einen Faktor allein determiniert wird. Manche Studien besagen, dass Raucher aktiver, ehrgeiziger, aggressiver, energischer, risikobewusster und unabhängiger als Nichtraucher seien. Andere weisen auf vermehrte psychosomatische und emotionale Probleme hin oder beschreiben die Raucher als trocken, sachlich, beherrscht und anpassungsbetont. Wieder andere streichen das hohe Bedürfnis nach Geselligkeit, nach Anregung und Abenteuerlust heraus.

Man kann die Raucher in Gelegenheits-, Gewohnheits- und Suchtraucher einteilen. Gelegenheitsraucher, die zirka zehn Prozent der Gesamtbevölkerung ausmachen, rauchen aus Genuss und zur Entspannung, manchmal auch aus Langeweile. Sie kommen mit einer geringen Tagesmenge aus und sind jederzeit in der Lage, auf das Nikotin zu verzichten. Die meisten Zigarren- und Pfeifenraucher gehören in diese Gruppe, in der auch viele »Umsteiger« vertreten sind, also Personen, welche aus gesundheitlichen Gründen von der Zigarette zur Zigarre oder Pfeife wechseln.

Gewohnheitsraucher, welche auf 30 Prozent der Gesamtbevölkerung geschätzt werden, sind schon früh durch eine rauchende Umgebung geprägt worden, haben in der späten Kindheit mit dem Konsum begonnen, solidarisieren sich mit rauchenden Freunden und Kollegen und orientieren sich stark an Außeneinflüssen. Dadurch werden sie für die Raucherwerbung zur idealen Zielgruppe. Innerlich leiden Gewohnheitsraucher häufig unter Nervosität, Unruhe, Stimmungsschwankungen und Angstzuständen. Nach außen fallen sie durch ihre Neigung zu aggressiven Durchbrüchen auf.

Der Prozentsatz der Suchtraucher ist mit fünf Prozent gar nicht so viel höher als jener der Alkoholkranken. Bei ihnen ist der Konsum entgleist, er spielt sich zwischen Entzugserscheinungen mit starkem Nikotinhunger und tiefem Inhalieren ab. Wie alle Süchtigen sind sie trotz drohender gesundheitlicher Schäden nicht in der Lage, den Konsum aufzugeben. Das Rauchen geschieht ohne Zwischenschaltung der Kognitionen, es ist gleichsam reflexartig geworden. Der süchtige Raucher greift unüberlegt, ohne den »Filter der Vernunft« einzuschalten, zur Zigarette, bei Stress und Langeweile, bei Ärger und Freude, beim Arbeiten und Warten, selbst beim Sport oder anderen gesundheitlichen Aktivitäten. Als zwanghaft getriebener Konsument nimmt er im Gegensatz zum Gelegenheits- und Gewohnheitsraucher auf die Umgebung keinerlei Rücksicht. Treffend hat dies der Basler Suchtforscher Dieter Ladewig beschrieben: »Unter süchtigem Rauchen versteht man jenen Gebrauch von Tabak, der einem Individuum oder der Gesellschaft oder beiden Schaden zufügt.«

Schritte aus dem Rauch hinaus

Die meisten Raucher spüren nur die positiven Folgen, die subjektiv stark überbewertet werden. Als positive Gründe nennen sie Genuss, Entspannung, Glücksempfinden, Motivationssteigerung oder Lust. Die negativen Auswirkungen werden meist bagatellisiert und verdrängt. Bei intensiveren Gesprächen wird das Rauchen kritischer beurteilt. Die meisten hätten am liebsten gar nicht mit dem Rauchen begonnen, fast alle wollen irgendwann einmal aufhören. Der Raucher ist zerrissen zwischen dem Wunsch, aufzuhören, und jenem, ja nicht auf das Rauchen zu verzichten. Er gerät dadurch in eine kognitive Dissonanz, eine innere Anspannung, die er wieder durch das Rauchen zu lösen versucht.

Mit erschreckenden Zahlen über die Gefahren des Rauchens erreicht man oft das Gegenteil: Der Raucher fühlt sich betroffen und geängstigt und macht dann das, was er in solchen Situationen immer macht – er greift zur Zigarette. Statt weiterer Horrorzahlen eine kleine persönliche Episode: Vor Kurzem hat mir ein unmittelbar vor dem Pensionsantritt stehender Herr sein Schicksal geklagt: »In meinem Alter gibt es keine Raucher mehr – entweder haben sie aufgehört oder sie sind verstorben.«

Oder vielleicht doch ein drastischer Vergleich: Stellen Sie sich vor, in Deutschland würde ein Flugzeug mit 300 Menschen abstürzen, dies nicht an einem, sondern an zwei, drei oder vier aufeinanderfolgenden Tagen. Innerhalb kürzester Zeit würde kein Mensch mehr fliegen, die deutsche Luftfahrtindustrie würde zusammenbrechen. Durch Rauchen sterben aber jeden Tag 300 Menschen – allein in Deutschland! Wer gibt deswegen die Zigarette auf?

Bei der Motivation zum Nichtrauchen kann es hilfreich sein, wenn einige Grundregeln eingehalten werden, die man als die fünf R's bezeichnen kann:

- *Relevanz* aufzeigen, das heißt: die Motivation zum Rauchen an gesundheitliche Aspekte, an die Leistungsfähigkeit sowie an die familiäre und soziale Situation knüpfen.
- *Risiken* benennen, das heißt: auf alle kurz- und langfristigen Folgen, von der Atemnot und der Impotenz bis zum Herzinfarkt und Lungenkrebs, hinweisen.
- *Reize* und Vorteile des Rauchstopps verdeutlichen (*rewards*), das heißt: mit dem Raucher die Vorteile des Aufhörens diskutieren und jene Aspekte herausgreifen, die für ihn die höchste emotionale Bedeutung haben.
- *»Riegel«* (*road-block*) ansprechen, das heißt: vor dem Rauchstopp auf die Angst vor Entzugssymptomen, vor Verlust der Lebensfreude und vor Gewichtszunahme eingehen.
- *Repetition* – Entzug, das heißt: nicht ausstiegwillige Raucher erneut dazu motivieren, einen Anlauf zu nehmen.

Um den Rauchern etwas Handfestes mit auf den Weg zu geben, scheint die folgende, von der American Cancer Society herausgegebene Liste hilfreich. Diese zeigt auf, wie sich beim Entschluss zum Nichtrauchen die körperlichen Funktionen relativ rasch positiv verändern und das jahrelang gepflegte Laster des Rauchens allmählich keinen Tribut mehr fordert.

Körperliche Veränderungen nach Beendigung des Rauchens (nach der American Cancer Society):

- Nach 20 Minuten: Puls und Blutdruck sinken auf normale Werte, die Körpertemperatur in Händen und Füßen steigt auf die normale Höhe.
- Nach 8 Stunden: Der Kohlenmonoxidspiegel im Blut sinkt, der Sauerstoffspiegel steigt auf normale Höhe.
- Nach 24 Stunden: Das Risiko, einen Herzinfarkt zu bekommen, geht schon von diesem Zeitpunkt an leicht zurück.
- Nach 48 Stunden: Die Nervenenden beginnen mit der Regeneration. Geruchs- und Geschmacksnerven verfeinern sich. Sie können wieder besser riechen und schmecken.
- Nach 2 Wochen bis 3 Monaten: Der Kreislauf stabilisiert sich. Die Lungenfunktion verbessert sich.
- Nach 1 bis 9 Monaten: Hustenanfälle, Verstopfung der Nasennebenhöhlen und Kurzatmigkeit gehen zurück. Die Lunge wird allmählich gereinigt, indem Schleim abgebaut wird. Die Infektionsgefahr verringert sich, und körperliche Energiereserven werden vermehrt mobilisiert.
- Nach 1 Jahr: Das Risiko einer Koronarinsuffizienz (Sauerstoffmangel des Herzmuskels) sinkt auf die Hälfte des Risikos eines Rauchers.

- Nach 5 Jahren: Das Risiko, an Lungenkrebs zu sterben, verringert sich fast um die Hälfte. Das Herzinfarktrisiko sinkt in einem Zeitraum zwischen fünf und 15 Jahren auf das eines Nichtrauchers. Das Krebsrisiko von Mundhöhle, Luft- und Speiseröhre ist nur noch halb so groß wie bei einem Raucher.
- Nach 10 Jahren: Das Lungenkrebsrisiko ist weiter gesunken. Es ist nicht mehr höher als bei einem Nichtraucher. Zellen mit Gewebsveränderungen, die als Vorstufe eines Krebses aufzufassen sind, werden ausgeschieden und ersetzt. Das Krebsrisiko von Mundhöhle, Luft- und Speiseröhre, Harnblase, Nieren und Bauchspeicheldrüse sinkt.
- Nach 15 Jahren: Das Risiko einer Koronarinsuffizienz ist nicht mehr höher als bei einem lebenslangen Nichtraucher.

Es ist nicht einfach, das Rauchen allgemein und individuell einzuschränken. Verschiedene gesetzliche Regulierungen und Preisgestaltungen haben zweifelsohne Erfolg. Vor allem bedeutet die vermehrte Beachtung des Wohls der Nichtraucher einen großen Fortschritt. Das Rauchen müsste sich aber sowohl im öffentlichen als auch im individuellen Bewusstsein wieder mehr hin zu einer Rauchkultur entwickeln. Wir haben gehört, dass Kultur das Gegenteil von Sucht und Eigenkontrolle, das Pendant des zentralen Suchtkennzeichens, des Kontrollverlusts, ist. Wenn das Rauchen nicht wieder »automatisch« und der Griff zur Zigarette nicht reflexhaft erfolgt, sondern immer in eine Zeremonie eingebettet wird, wenn an die Stelle des gierigen Saugens das überlegte Spiel mit dem

Rauch tritt, hätte man zwar noch keine Lösung, es wäre aber sicherlich ein Fortschritt.

Vielleicht sollten wir das Bild des Rauchers nach dem psychoanalytischen Modell ändern. Dieser ist kein überlegener, lässiger, Tod und Teufel nicht fürchtender Abenteurer, wie dies in mancher Zigarettenwerbung dargestellt wird, sondern im Prinzip ein hilfloses Kind, das sich, da der Schnuller nicht mehr verfügbar ist, an dessen Ersatz festsaugen muss: an der Zigarette.

Arbeit, Sport und Sex als Krankheit

Jede menschliche Verhaltensweise, vom Kaufen bis zum Sammeln, vom Lieben bis zum Loben, kann süchtig entarten. Sucht hat nicht nur mit Alkohol, Drogen oder Medikamenten zu tun, sondern mit jeder Störung, die im Leben eines Menschen durch einen rauschartigen Zustand dominant wird. Auch bei exzessiv werdendem Verhalten können die Kriterien der Dosissteigerung, des Kontrollverlusts und der Unterordnung aller sonstigen Bedürfnisse erfüllt sein. Im Zeitalter des Fernsehens, des Computerspieles und des Internetsurfens hat man sich auch von wissenschaftlicher Seite mit solchen Entwicklungen vermehrt befasst und den Begriff der *Verhaltenssucht* geprägt.

Es gibt bisher noch keine einheitliche Definition der Verhaltenssucht. Die deutschen Forscherinnen Sabine Grüsser und Carolin Thalemann haben im Jahr 2006 aber in Anlehnung an den aktuellen Diskussions- und Forschungsstand folgende Kriterien, die sich immer mehr durchsetzen, entwickelt:

- Das Verhalten wird über einen längeren Zeitraum (mindestens 12 Monate) in einer exzessiven, von der Norm abweichenden und über das Maß hinausgehenden (zum Beispiel in Bezug auf die Häufigkeit) Form gezeigt.
- Kontrollverluste über das exzessiv ausgeführte Verhalten (Dauer, Häufigkeit, Intensität, Risiko)
- Belohnung (Das exzessive Verhalten wird als unmittelbar belohnend empfunden.)
- Toleranzentwicklung (Das Verhalten wird länger, häufiger und intensiver durchgeführt, um den gewünschten Effekt zu erhalten; bei gleichbleibender Intensität und Häufigkeit des Verhaltens bleibt die gewünschte Wirkung aus.)
- Anfänglich angenehmes belohnendes Verhalten wird im Verlauf der Suchtentwicklung als zunehmend unangenehm empfunden.
- Unwiderstehliches Verlangen, das Verhalten ausüben zu wollen/müssen
- Funktion (Das Verhalten wird vorrangig eingesetzt, um die Stimmung/Gefühle zu regulieren.)
- Wirkungserwartung (Erwartung eines angenehmen/positiven Effektes durch die exzessive Verhaltensausführung)
- Eingeengtes Verhaltensmuster (gilt auch hinsichtlich Vor- und Nachbereitung des Verhaltens)
- Gedankliche Beschäftigung mit Vorbereitung, Durchführung und Nachbereitung des exzessiven Verhaltens und unter Umständen den antizipierten (erwarteten) Folgen der exzessiven Verhaltensdurchführung
- Irrationale, verzerrte Wahrnehmung bezüglich verschiedener Bereiche des exzessiven Verhaltens

- Entzugserscheinungen (psychische und physische Entzugserscheinungen)
- Fortsetzung des exzessiven Verhaltens trotz schädlicher Folgen (gesundheitlich, beruflich, sozial)
- Konditionierte Reaktionen (treten bei Konfrontation mit internalen – also im Körper/psychisch wahrgenommenen – und externalen – in der Umwelt wahrgenommenen – Reizen auf, die mit dem exzessiven Verhalten assoziiert sind, auch bei der gedanklichen Beschäftigung mit dem exzessiven Verhalten)
- Leidensdruck

Als besonders charakteristische Beispiele aus der großen Zahl von Verhaltenssüchten werden nachstehend die Arbeits-, Sport- und Sexsucht näher erläutert.

»Workaholic gesucht«

Für einen Alemannen ist es nahezu ein Frevel, selbst das Arbeiten mit Süchtigkeit in Verbindung zu bringen und das fleißige Schaffen, somit die höchste Tugend unserer Volksgruppe, als krankhaft zu bezeichnen. Da aber von der Gefahr der süchtigen Entgleisung nicht einmal die Arbeit ausgenommen ist, sprechen wir deshalb im Folgenden wohl am besten von der »ehrenwerten« Sucht. Bei keiner Form der Süchtigkeit sind aber die Übergänge zwischen Engagement, Fleiß, Begeisterung, Gewöhnung und Sucht so verschwommen. Unzweifelhaft gibt es Fälle, bei der die Arbeit nicht um des Erfolges, sondern um ihrer selbst willen verrichtet wird, also zum Selbstzweck geworden ist und suchtartiges Ausmaß annimmt. Ein Arbeitssüchtiger kann sich nicht entspannen, er fühlt sich am Feierabend und in den Ferien unwohl, er wird bei Abwesenheit vom Arbeitsplatz unruhig und erholt sich, so paradox dies klingt, erst wieder beim Arbeiten.

Der erstmals vom US-Forscher Wayne Oates 1971 in einem selbstironischen Artikel über Arbeitssucht verwendete Begriff hat zwischenzeitlich Eingang in die Arbeitssprache gefunden. Die Arbeitssucht, auch als *Workaholism* oder *Work Addiction* bezeichnet, wird definiert als ein »exzessives Bedürfnis nach Arbeit, welches ein solches Ausmaß erreicht hat, dass es zu unübersehbaren Beeinträchtigungen körperlicher Gesundheit, des persönlichen Wohlbefindens, der interpersonalen Beziehungen und/oder des allgemeinen sozialen Funktionierens kommt«. Der Arbeitssüchtige ist ein Individuum, für welches das Arbeiten zu einem alles bestimmenden Lebensfaktor geworden ist, das alle Energie in die Arbeit investiert, sich ohne Arbeit nicht wohl fühlt und trotz unübersehbarer gesundheitlicher Konsequenzen nicht in der Lage ist, rechtzeitig gegenzusteuern.

Die Häufigkeit der Arbeitssucht lässt sich nicht einfach feststellen, da es im Arbeitsverhalten Übergänge jeglicher Art gibt. Arbeitssucht wird vielfach als Ausdrucksform einer auf Konsum und Besitz zentrierten Gesellschaft gesehen, als kollektive Verhaltensform, der sich in unserer Leistungsgesellschaft kaum jemand entziehen könne. Nach verschiedenen Schätzungen leiden zwei bis fünf Prozent der Bevölkerung an Arbeitssucht, bis zu zehn Prozent gelten als gefährdet. Nicht alle Forscher beurteilen die Arbeitssucht als negativ oder krankhaft. Vielmehr empfehlen manche den Unternehmern, Arbeitssüchtige einzustellen und ihnen dadurch Möglichkeit zu geben, ihren Zwang zu entfalten und auszuleben. Allerdings gelten Arbeitssüchtige wegen ihrer Leistungsbezogenheit, ihrer Ungeduld und Intoleranz gegenüber Mitarbeitern, ihrer Freud- und Rastlosigkeit als unangenehme Mitarbeiter und als kaum zu ertragende Vorgesetzte.

Ähnlich wie beim Alkoholismus kann man auch bei der Arbeitssucht drei Phasen unterscheiden: In der *Vorphase* steigert der Betroffene seine Arbeitsleistung, die Arbeitszeit und den gesamten Arbeitsaufwand kontinuierlich und vernachlässigt alle anderen Interessen. Er betont häufig sein hohes Pensum und kritisiert die mangelnde Einstellung seiner »faulen« Kollegen. In der *kritischen Phase* kommt es zum sozialen Rückzug, zum Auftreten von Entzugserscheinungen in Form von Depressivität und psychosomatischen Beschwerden und zum körperlichen Kollaps. In der *chronischen Phase* wird der gesamte Lebensstil auf die Arbeit ausgerichtet, die Arbeit wird zum bestimmenden Lebensfaktor gemacht und ausgeübt, auch wenn sie keine Freude bereitet und keine Befriedigung bringt. Das Leben des Arbeitssüchtigen besteht dann nur noch aus drei Arbeitsbereichen: Essen, Schlafen und – Arbeiten.

Es gibt verschiedene Typen von Arbeitssüchtigen. Die eigentlichen Workaholics fühlen einen ständigen Trieb zur Arbeit und engagieren sich im Beruf über alle Maßen, haben an der Arbeit aber wenig Spaß. Sie sind Getriebene, werden von einer Obsession beherrscht, leiden häufig unter Minderwertigkeitsgefühlen und Versagensängsten und unter chronischer Unzufriedenheit. Manche sind besessene Perfektionisten, welche nicht nur sich, sondern auch ihre Umgebung unter ständigen Druck setzen, nie Entspannung finden und als chronisch unzufriedene Sonderlinge gelten. Andere Arbeitssüchtige haben Spaß an der Arbeit, sind hoch motiviert und trotz ihres Einsatzes nie getrieben. Sie sind stets gut drauf und können andere mitreißen. Diese Arbeitsenthusiasten haben gleichsam ihr Hobby zum Beruf gemacht, sodass sie nie verbissen und nie zwanghaft wirken und sich kaum überfordert fühlen. Sie gehören zu den konstruktiven Arbeitssüchtigen, deren persönliche Interessen mit denen des Dienstgebers zusammenfallen, während der destruktive Arbeitssüchtige durch seine Zwanghaftigkeit, seine Unflexibilität und seine Entscheidungsschwäche wenig produktiv ist.

Wo liegen nun die Ursachen der Arbeitssucht? Im Wesentlichen beruht sie auf den fünf Grundpfeilern Angst, Selbstzweifel, zwanghafte Besessenheit, Intoleranz und Sucht. Ein ganz wichtiger Faktor ist im Beziehungsverhalten zu sehen. Arbeitssüchtige leiden häufig an Kommunikationsproblemen und weisen oft nur eine geringe emotionale Kompetenz auf. Sie haben Angst vor Intimität und Nähe, sind mit anderen Menschen kaum vertraut und flüchten immer dann, wenn eine Beziehung enger zu werden droht, in Arbeit. Oft führen Arbeitssüchtige keine oder nur eine oberflächliche Partnerschaft, Beziehungen gehen häufig in die Brüche, die Scheidungsrate ist erhöht. Am besten scheinen Beziehungen dann zu funktionieren, wenn der Workaholic einen Partner findet, der ebenfalls arbeitssüchtig ist.

Oft stellt Arbeitssucht ein Erziehungs- und Familienproblem dar. Arbeit wird in solchen Familien als höchster Wert angesehen. Das Ausüben von Hobbys oder das Gestalten persönlicher Beziehungen gilt als Bedrohung dieses Ideals. Der Wert der Kinder bemisst sich an ihrer Einstellung zur Arbeit und an ihrem Arbeitsverhalten.

Einen gewissen Einfluss übt das Geschlecht aus. Arbeitssüchtige Frauen sind oft jünger, meistens ledig, haben kaum Kinder und gehen ganz in ihrem Beruf auf. Wegen der Mehrfachbelastungen verbringen sie aber weniger Zeit am Arbeitsplatz als ihre männlichen workaholischen Kollegen. Weibliche Arbeitssüchtige sollen zudem eher maskuline als feminine Charakterzüge aufweisen. Arbeitssucht ist oft Ausdruck einer gestörten Persönlichkeitsstruktur, die von zwanghaft-besessenen Zügen dominiert wird. In der Arbeitssucht können diese Personen ihre obsessiven Tendenzen ausleben.

Nicht überraschend ist die Ähnlichkeit von Arbeitssüchtigen mit Personen, welche dem *Typ-A-Verhalten* zuzuordnen sind. Menschen mit Typ-A-Verhalten stehen unter chronischem Stress. Ihr Verhalten wird gekennzeichnet durch ständigen Zeitdruck, intensiven Ehrgeiz, Leistungsorientiertheit, Abneigung gegenüber Ineffektivität, Übergenauigkeit, Ungeduld, Reizbarkeit und auch hohes Verantwortungsbewusstsein. Sie verausgaben sich zum Schluss, haben dabei keinen Leidensdruck und achten deswegen nicht auf ihre Gesundheit. Sie betreiben im Prinzip jahrelangen Raubbau, der häufig in Herzinfarkt, Schlaganfall oder in Sucht endet. Die Verhaltensmuster sind durch entschlossenes Auftreten, lautes und energisches Sprechen, ständiges Unterbrechen der anderen und großes Durchsetzungsvermögen geprägt. Typ-A-Verhalten führt aber mehr oder minder zu einer ständigen Kampfesbereitschaft und damit zu einer permanenten Stressreaktion, die Bluthochdruck und Erkrankung der Herzkranzgefäße zur Folge hat. Demgegenüber sind Menschen mit Typ-B-Verhalten weniger konkurrenzbewusst und weniger feindselig. Sie sind geduldiger, ausgeglichener und gelassener, vermitteln den Eindruck von Entspannung und Ruhe, leiden dadurch auch nicht unter Stress.

Nach lerntheoretischen Erklärungsansätzen wirken bei der Arbeitssucht Lob und Erfolgserlebnisse positiv, die Vermeidung eigener Unzulänglichkeiten oder unangenehmer Gefühlszustände negativ verstärkend. Durch das Arbeiten verdrängt der Süchtige Gefühle der Unsicherheit, der Minderwertigkeit, des Schuldempfindens oder der Angst. Die Arbeit wird zum einzigen Faktor, der das Selbstwertgefühl verstärkt.

Umfassender als der Begriff der Arbeitssucht und für unsere Gesellschaft charakteristischer ist jener der *Leistungssucht*. Diese bezieht sich nicht nur auf Beruf und Arbeit, sondern genauso auf Freizeit, Urlaub, Sport oder diverse Hobbys. Wir können uns gut vorstellen, dass sich besonders Personen mit Versagensängsten und versteckten Minderwertigkeitsgefühlen über Leistung zu definieren versuchen und die von der Leistungsgesellschaft vorgegebenen Erwartungen und Normen übernehmen. Denken wir an unseren Urlaub, die Zeit der Erholung und Regeneration. Schon die Wahl des Urlaubsziels hat mit Leistungsvergleich und Wettkampf zu tun. Wer hat die entlegenste Region ausgesucht, wer die exotischsten

Umstände gefunden, wer hat Urlaub pur und Erholung total gebucht? Nachdem schon die zur Beschreibung des Urlaubs verwendeten Superlative alles andere als entspannend klingen, kann man sich vorstellen, wie die Erholung verläuft: mit Aktivierung und Animation, mit totalem Freizeit- und exotischem Abenteuerprogramm, mit Tiefseetauchen und Drachenflug, mit Extraerlebnissen von Anfang bis Ende und Abenteuer von vorn bis hinten. Bildungsurlaub ist viel besser als das Lesen von zwei Büchern, Kultururlaub viel verlockender als der zwanglose Besuch eines Konzertes oder Museums.

Der leistungsbezogene Mensch gibt nur ungern zu, im Urlaub schlichtweg nichts getan zu haben. Dies würde bei ihm fast ein schlechtes Gewissen und bei den Fragern eine Art kollektiven Entzug hervorrufen. Für den Leistungssüchtigen ist es ratsam, das Faulenzen, sofern er dazu überhaupt imstande ist, als »aktive Erholung« oder »Aufladen der Batterien« zu bezeichnen. Das klingt viel leistungsbezogener.

Ist Sport(sucht) Mord?

Macht denn die Sucht vor nichts halt? Kann selbst der als so gesund geltende Sport süchtigen Charakter annehmen? Kann sogar jene Tätigkeit, die geradezu als Voraussetzung für Fitness, ideales Körpergewicht, langes Leben und Wohlbefinden gilt, zur Krankheit, zur Sucht werden? Tatsächlich begegnen einem in der therapeutischen Praxis immer wieder Menschen, die ohne täglichen Sport – meist handelt es sich um Ausdauersportarten – nicht leben können und sich ohne diesen unruhig, unausgeglichen, träge und leer fühlen, die das Gefühl haben, mit den täglichen Belastungen nur durch Sport zurechtzukommen. Wissenschaftlich aufgefallen ist das Phänomen der Sportsucht erstmals im Jahr 1970, als ein Schlafforscher Teilnehmer für eine Studie, die den Zusammenhang zwischen Sportausübung und Schlafverhalten untersuchen wollte, gesucht hat. Obwohl den Versuchspersonen eine finanzielle Entschädigung geboten wurde, waren einige nicht zu einer Teilnahme zu bewegen, da sie einige Tage auf den Sport hätten verzichten müssen. Dies war manchen nicht möglich.

Sport besitzt in unserer Gesellschaft einen extrem hohen Stellenwert. Eigene sportliche Aktivitäten gelten als Gesundheitsförderung ersten Ranges, körperliche Fitness steigert Tatkraft und Energie, regelmäßiger Sport wirkt sich positiv auf die Psyche aus. Sport wird als Begleitmaßnahme bei vielen psychischen Störungen eingesetzt, etwa regelmäßiges Laufen bei Suchtpatienten.

Sport kann dann zur Sucht werden, wenn eine Person exzessiven Sport betreibt, sich gedanklich stets damit beschäftigt und auf die tägliche Ausübung selbst dann nicht verzichten kann, wenn damit gesundheitliche Risiken oder Schäden verbunden sind.

Nach dem Einstieg kommt es zu einer Steigerung der Dosis, manchmal zum Verlust der Kontrolle, unter Umständen zu physischen und psychischen Entzugserscheinungen. Die »Einstiegsdroge« besteht in einem sportlichen Erfolgserlebnis, das zur Wiederholung der Leistung, zu noch besseren Ergebnissen anspornt. Die Steigerung der Dosis besteht in vermehrten Trainingseinheiten und Teilnahmen an Wettkämpfen (nicht selten werden die Trainingseinheiten heruntergespielt oder verschwiegen), die Ziele werden immer höher gesteckt, das anfängliche morgendliche Joggen artet zum Marathonlauf oder Triathlon aus. Als Entzugserscheinungen stellen sich Unruhe, Aggressivität, Depressivität, Schlaflosigkeit, Selbstzweifel und Minderwertigkeitsgefühle ein, wenn dem Sport nicht mehr nachgekommen werden kann.

Suchtartigen Charakter hat Sport vor allem dann, wenn er zur Ersatzhandlung für unbefriedigte Bedürfnisse wird und im Zusammenhang mit Lebenskrisen oder belastenden Ereignissen steht und die mehr oder minder einzige Möglichkeit zur Regulation von Gefühlen darstellt.

Während als klassische Disziplinen für süchtiges Verhalten Joggen, Radfahren oder Rudern gelten, haben sich in letzter Zeit verschiedene Sportarten etabliert, die das große Abenteuer, den letzten Kick versprechen. Ohne großes Training kann man an diesen »Mutproben der Gesellschaft« teilnehmen, etwa an Bungeejumping, beim Tandem-Fallschirmspringen oder beim Rafting. Die psychische Abhängigkeit beginnt dann, wenn zwanghaft versucht wird, dem Erlebnis des Augenblicks durch immer häufigere und gewagtere Betätigungen Dauer zu verleihen.

Jede sportliche Aktivität kann zwischen einer gesundheitsfördernden Tätigkeit, die zu einer Verbesserung des Lebensgefühls und der Lebensqualität führt, und ungesunder Abhängigkeit schwanken. Die meisten Sportler haben keine schwereren psychischen Probleme. Bei manchen handelt es sich um gesunde Neurotiker, bei anderen allerdings auch um zwanghafte Menschen, welchen der Sport ein Gefühl der

Kontrolle vermittelt und ihnen die Möglichkeit gibt, alle zwanghaften Bedürfnisse auszuleben. Von Sport als Suchtkrankheit kann man erst sprechen, wenn der Sport das Leben zunehmend beherrscht.

Man hat viel darüber diskutiert, ob man bei Sportsucht im Gegensatz zur Alkohol- und Drogenabhängigkeit von einer »positiven Sucht« sprechen könne, da diese die körperliche Gesundheit und die mentale Verfassung verbessere. Dem steht aber gegenüber, dass Sportsucht viele Kriterien einer Abhängigkeit erfüllt, oft ernste gesundheitliche Folgen hat und meist zu sozial-kommunikativen Problemen führt. Ein Sportsüchtiger kann sein Training selbst dann nicht aufgeben, wenn er durch den Sport Verletzungen erlitten hat und genau weiß, dass diese ohne Ruhephasen nicht ausheilen können, ja sogar verschlimmert werden.

Die Häufigkeit der Sportsucht ist nicht bekannt, da es viele Übergangsfälle zwischen gesundem Training und pathologischem Sport gibt, weil das Thema stark tabuisiert ist und Betroffene nicht bereit sind, sich psychologischen Befragungen beziehungsweise wissenschaftlichen Studien zu unterziehen. Es scheint allerdings geschlechtsspezifische Unterschiede zu geben. Frauen werden eher nach Sportarten süchtig, die mit gutem Aussehen zu tun haben, Männer eher nach solchen, bei denen die psychische Leistungsfähigkeit, die Ausdauer und das Durchhaltevermögen gefördert werden. Auffallend häufig tritt Sportsucht gemeinsam mit Essstörungen auf, auch bei männlichen Individuen. Es wird sogar vermutet, dass der (männliche) *Running Anorectic* das männliche Pendant zur magersüchtigen Frau darstelle.

Die Ursachen der Sportsucht sind in denen jeglicher Süchtigkeit und in den speziellen positiven Effekten der einzelnen Sportarten zu suchen. Besonders der Ausdauersport führt über Aktivierung von Botenstoffen im Gehirn zu Verbesserung der Stimmung. Durch Sport können endogene Opiate, sogenannte Endorphine, produziert werden. Solch körpereigene Drogen können Schmerzen lindern, die Produktion von Sexualhormonen begünstigen und ein Gefühl der Euphorie hervorrufen. Dieser Zustand, der allerdings erst nach 40 bis 60 Minuten andauernden Sports hervorgerufen wird, wird als *Runners High* bezeichnet. Er kann manchmal tranceähnlichen, transzendentalen Charakter annehmen und in einzelnen Fällen sogar mit Größenideen oder Allmachtsfantasien verbunden sein. Ein Patient berichtete mir, dass er während der quälenden Phase des Laufens das Gefühl gehabt habe, durch sein sportliches Leiden die Sünden der Menschen abzudienen und diese durch den Schmerz erlösen zu müssen.

Sexsucht

Das Thema Sexsucht hat in den letzten Jahren, meist im Zusammenhang mit Berichten über das Liebesleben von Filmstars und anderen Prominenten, große mediale Beachtung gefunden. Ganz im Gegensatz dazu steht das geringe Interesse von Seiten der Wissenschaft, die sich erst im Rahmen des zuletzt aktuell gewordenen Themas der Verhaltenssüchte damit zu beschäftigen beginnt. In den USA ist die *Sexual Addiction* schon seit Längerem ein Thema. Ausgehend vom Bestseller des Pioniers Patrick Carnes *Wenn Sex zur Sucht wird* wurden Selbsthilfegruppen und Beratungszentren gegründet. In Spezialkliniken werden eigene Behandlungsprogramme, die bis zu 30.000 US-Dollar kosten, angeboten.

Das Thema Sexsucht wurde nicht nur durch reißerische Berichte in der Regenbogenpresse und im Fernsehen populär, sondern auch durch den bis vor Kurzem ungeahnten, unbeschränkten Zugang zu diversen Angeboten im Internet.

Sexuell süchtiges Verhalten ist durch zunehmende sexuelle Betätigung, bei der die Befriedigung meist ausbleibt, gekennzeichnet. Wie bei jeder Sucht kommt es zu Dosissteigerung, Toleranzentwicklung und Vernachlässigung sonstiger Interessen und zur Beherrschung aller Lebensbereiche durch die Sexualität.

Die Sexsucht ist bei drei bis sechs Prozent der erwachsenen Bevölkerung verbreitet, das Verhältnis von Frauen zu Männern beträgt 1:4. Dem amerikanischen Forscher Carnes zufolge sind folgende Punkte als Symptome der Sexsucht zu werten:

- Das sexuelle Verhalten hat schwerwiegende Folgen (Schädlichkeit).
- Ein außer Kontrolle geratenes sexuelles Verhalten und starkes Verlangen (Kontrollverlust).
- Die Unfähigkeit, trotz schädlicher Konsequenzen aufzuhören (Zwanghaftigkeit).
- Das beharrliche Verfolgen selbstzerstörerischer oder hochriskanter Verhaltensweisen
- Der kontinuierliche Wunsch oder das Bemühen, das sexuelle Verhalten einzuschränken.

- Sexuelle Zwangsvorstellungen und Fantasien als primäre Bewältigungsstrategien
- Ständig zunehmende sexuelle Erlebnisse, weil die augenblicklichen Aktivitäten nicht ausreichen (Dosissteigerung).
- Schwere Stimmungsschwankungen im Zusammenhang mit den sexuellen Aktivitäten
- Übermäßig viel Zeit wird damit verbracht, sich Sex zu verschaffen, sich sexuell zu verhalten oder sich von sexuellen Erlebnissen zu erholen (dominanter Verhaltensbereich).
- Aufgrund des sexuellen Verhaltens werden wichtige soziale, berufliche oder erholsame Aktivitäten vernachlässigt (Einengung).

Verdachtsmomente hinsichtlich des »Sexaholismus« liegen bei ständigem Denken und Sprechen über Sex, bei häufigem Masturbieren, bei ständigem Wechsel der Sexualpartner, bei der Ausübung von Sexualität an gefährlichen Orten und beim Besitz von Hardcorevideos und Sexmagazinen vor. Ein besonderes Kennzeichen ist der anonyme Sex, bei welchem Sexualpartner als Objekte, nicht als liebevoll zu behandelnde Individuen betrachtet werden. Der Sexsüchtige ist auf ständiger Jagd nach verstärkter sexueller Stimulation, nach ungewöhnlichen Praktiken, nach einem Kick, der ihn aber nie befriedigt. Immer fühlt er sich anschließend enttäuscht, leer und schuldig und tut dann das, was jeder Süchtige tut: Er steigert die Dosis.

Literatur und Geschichte sind voll von sexsüchtigen Gestalten. Die Figur des Granden Don Juan Tenorio aus dem mittelalterlichen Spanien verkörpert den Sexsüchtigen, der zu reifer Liebe nicht fähig ist und sich in der Sexfantasie eine Scheinwelt aufgebaut hat. Der studierte Theologe und Jurist Giacomo Casanova (1725–1798) wurde wegen Gottlosigkeit und seines ausschweifenden Sexuallebens in den berüchtigten venezianischen Bleikammern eingekerkert. Seine umfangreichen Memoiren erregten in erster Linie wegen der vielen Liebesaffären und amourösen Abenteuer, die teilweise übertrieben und verfälscht sind, großes Aufsehen. Als Frauenheld und großer Verführer brach er viele Tabus seiner Zeit.

Als weibliches Pendant gilt die Figur der Messalina, der dritten Gattin des römischen Kaisers Claudius. Sie hatte den schon alten und kränklichen Regenten als 15-Jährige geheiratet, gab Bankette und Feste, die meist zu Orgien ausuferten, und erwarb sich den Ruf unersättlicher und ungezügelter Lust. Auf der Suche nach Liebe fing sie an, sich zu erniedrigen und prostituierte sich heimlich unter dem Namen Licisca. Die bei ihr offensichtlich vorliegende narzisstische Störung bestimmte ihr Leben. So ließ sie ihre Cousine Livila nur deshalb töten, weil sie sich von dieser nicht genug beachtet fühlte. Sie selbst wurde im Alter von 23 Jahren Opfer eines Auftragsmordes durch einen Mann, der ironischer- oder bezeichnenderweise den Namen Narcissus trug. Als noch dramatischer gelten die sexuellen Ausschweifungen der russischen Zarin Katharina II. (1729–1796).

In historischen Zeiten wurde lustvolles sexuelles Verhalten, vor allem bei Frauen, als etwas Krankhaftes angesehen. Das Störungsbild wurde als *Nymphomanie* bezeichnet. Diese ist durch unersättliche Lust nach sexueller Befriedigung, die fast nie erreicht werden kann, geprägt. Das männliche Gegenstück dazu wird *Satyriasis* oder *Don-Juan-Komplex*, in jüngerer Zeit auch *Clinton-Syndrom* genannt.

Am Beginn exzessiven sexuellen Verhaltens stehen oft lebhafte Erinnerungen an prägende sexuelle Erfahrungen in der Jugend. Mit Sexualität wird versucht, Minderwertigkeitsgefühle zu kompensieren, eine Entlastung von negativen Gefühlen zu erreichen und einen angenehmen, außerordentlichen Zustand herbeizuführen. Das Sexualverhalten wird gesteigert, es wird wichtiger als alle anderen Lebensbereiche, es steht innerhalb der »Triebhierarchie« an oberster Stelle. Der Sexsüchtige gerät dann in einen Teufelskreis aus sexuellem Agieren und nachfolgenden Entzugssymptomen, die durch Scham, Schuld und Ekel geprägt sind. Die sexuellen Fantasien ufern aus, die Partner werden gewechselt, Telefonsex spielt eine große Rolle. In der sogenannten »Eskalationsphase« geht der Sexsüchtige bewusst Risiken gesundheitlicher und gesetzlicher Art ein. Er scheut vor verpönten Verhaltensweisen wie sexuellen Übergriffen, Exhibitionismus, Voyeurismus oder sadistischen Praktiken nicht mehr zurück. Oft versuchen sexsüchtige Menschen, die Kontrolle über ihr Verhalten wiederzugewinnen. Meist endet dies mit Rückfällen und immer stärkerer Einengung des Lebens auf die sexuelle Befriedigung.

Die Kontrollverluste Sexsüchtiger sind durch zwanghafte gedankliche Beschäftigung mit sexuellen Inhalten, durch stets eingesetztes verführerisches sexuelles Verhalten und durch flüchtige sexuelle Begegnungen mit wechselnd anonymen

Partnern in oft einschlägigen Umgebungen geprägt. Zum Kontrollverlust gehören zum Beispiel Telefonsex und Bordellbesuche, Handel mit selbst produziertem sexuellen Material, Voyeurismus und Exhibitionismus, sexuelle Zudringlichkeit unter Ausnützung von Machtpositionen, in weiterer Folge auch Sex mit Objekten oder Tieren, letztlich sogar – besonders verhängnisvoll – mit Kindern. Die Internet-Kinderpornografie ist trotz strikter Verfolgung in den letzten Jahren zu einem großen Problem herangewachsen.

Wo liegen die Ursachen der Sexsucht? Wie bei allen Suchterkrankungen geht man von einem Zusammenspiel verschiedener Faktoren aus, welche von Störungen im Gleichgewicht der Glückshormone bis zu psychologischen Mechanismen reichen. So wurde festgestellt, dass Sexsüchtige in der Kindheit oft Opfer emotionalen, körperlichen oder sexuellen Missbrauchs geworden sind. Andere haben frühe und sehr intensive sexuelle Erlebnisse, die auf sie ähnlich überwältigend wie bei Drogensüchtigen der erste Kick gewirkt haben, hinter sich. Oft herrschte in der Herkunftsfamilie eine sexuell stark aufgeladene Atmosphäre oder – das Gegenteil davon – Sinnlichkeit und Sexualität wurden strikt tabuisiert. In vielen Fällen tritt Sexsucht im Zusammenhang mit anderen Süchten, mit Alkohol-, Medikamenten- und insbesondere Kokainabhängigkeit, aber auch mit schweren Persönlichkeitsstörungen und psychischen Erkrankungen, etwa Manien, auf.

Sexsüchtige sind häufig auf der Suche nach der großen und beglückenden Beziehung, verwechseln aber vielfach Liebe mit Sexualität, können in den Sexualkontakten ihren Hunger nicht stillen. Sexsüchtigen geht es in erster Linie nicht um

Sex, sondern um die Bewältigung tiefer Gefühle wie Einsamkeit und Wertlosigkeit.

Psychoanalytiker sehen die Ursachen der Sexsucht in den narzisstischen Bedürfnissen von grenzenloser Potenz, in Ängsten vor der kastrierenden Vaterfigur und in der abspalterischen Besetzung des weiblichen Genitals mit übermäßiger Lust. Sexsüchtige sind gespalten: Sie leiden auf der einen Seite an der Angst vor Nähe, sind auf der anderen Seite getrieben von der Jagd nach dem nächsten aufregenden Sexualkontakt.

Ist Hypersexualität ein weiteres Kennzeichen unserer Gesellschaft? Dazu statt verschleiernder Überlegungen abschließend ein paar nackte Zahlen: 60 Prozent aller Webseiten-Besuche sind sexueller Natur, 40 Prozent aller Internetangebote enthalten pornografische Inhalte, 74 Prozent aller Einnahmen im Internet werden durch Sexangebote gemacht. Über 100 Millionen Menschen surfen pro Woche auf Pornoseiten.

Im Sog der modernen Medien

Ein 17-jähriger Bursche erlitt einen Tobsuchtsanfall. Er zertrümmerte in seinem Zimmer scheinbar völlig unmotiviert Möbelstücke, zersplitterte ein Türglas und schlug auf seinen Computer ein. Die zu Hilfe gerufene Polizei äußerte den Verdacht, der junge Mann sei entweder psychisch krank oder stehe unter Drogeneinfluss. In der psychiatrischen Klinik konnte man weder Zeichen einer psychotischen Erkrankung noch eines Liebeskummers finden, auch keine Hinweise auf Alkohol- oder Drogenmissbrauch. Die diagnostische Feststellung lautete knapp und bündig: »Drogen nein, Sucht ja« – und zwar Internetsucht.

Der außer sich geratene Patient hatte schon in seiner Kindheit sehr viel Zeit in der virtuellen Welt verbracht, durfte seinen älteren Geschwistern bei den diversen Computeraktivitäten zuschauen und bekam bald sein eigenes Handy. Er hatte jetzt kaum andere Interessen, ging mit iPad und Smartphone auf den Schulweg, begab sich zu Hause sofort zum Computer und spielte und spielte. Er hatte kaum Freunde, galt als unsportlich und zeigte sich im Zugang zu Mädchen nicht wirklich interessiert. Er kommunizierte nur mehr über

Facebook statt face-to-face. Am wohlsten fühlte er sich in seiner Computerwelt, in die er sich immer mehr zurückzog. Dort fühlte er sich stark, sicher und unendlich frei. Er wurde unruhig, wenn er nicht spielen konnte, stand in der Nacht auf, um zu spielen, und weigerte sich, mit seinen Eltern auf Urlaub zu fahren, da es dort möglicherweise keine Gelegenheit zum Spiel gebe. Als das Gerät nicht mehr richtig funktionierte und weder auf die verschiedenen Reparaturversuche noch auf seine Zusprache reagierte, wurde er ärgerlich und nervös. Als es defekt war, reagierte er mit einem Panikanfall. Dieser war nicht nur Ausdruck gestauter Energie und nicht umgesetzter körperlicher Aktivität, sondern kann auch als extreme Form einer psychologischen Entzugserscheinung interpretiert werden.

Exzessives Computerspielen gehört wie die Arbeits-, Kauf- oder Sexsucht zu den Verhaltenssüchten, von welchen ein Teil durch eine Interaktion von Mensch und Maschine geprägt ist. Diese können grob in die passive *Fernsehsucht* und in die eher aktive *Computersucht*, einschließlich Internet-, Online-, Handy- und Facebooksucht unterteilt werden. Mit dem Begriff *Computersucht* erfasst man wieder verschiedene Formen der Nutzung wie Computerspielen, Internetsurfen, exzessives Chatten.

Kennzeichen der Computersucht sind zunehmende Einengung der Interessen und Tätigkeiten, Vernachlässigung anderer Lebensbereiche, ausschließliche Beschäftigung mit dem PC, Ausweitung der im großen Netz verbrachten Zeit, Einengung des Denkens, Erlebens und der Emotionalität sowie weitere psychische Störungen, vor allem Konzentrationsschwierigkeiten und Schlaflosigkeit.

Durch die Vermeidung emotionaler Konflikte wird das Leben im Netz zum Partnerersatz. Eine verlässliche Maschine tritt an die Stelle unverlässlich scheinender zwischenmenschlicher Beziehungen. Wenn sie nicht mehr funktioniert, tritt Panik ein.

Der gewünschte Effekt, das Kick-Erleben, ist bei dieser Art von Abhängigkeit nicht Folge von eingenommenen Drogen, sondern stellt sich durch körpereigene biochemische Vorgänge im Bereich der sogenannten »Glückshormone« ein. Diese lassen sich durch exzessive Verhaltensweisen wie Spielen, Surfen oder Chatten aktivieren und führen zum Gefühl der Entspannung und Euphorie. Wie bei der Einnahme von Rauschdrogen kann eine schnelle und effektive Veränderung der Gefühle, ein Überspringen der Frustrationen und ein Ausweichen vor Minderwertigkeitsgefühlen, Ängsten und Depressionen erreicht werden. Durch Flucht in die virtuelle Welt geschieht aber keine aktive Auseinandersetzung mit den Problemen. Der Betroffene verliert seine Frustrationstoleranz und entwickelt zu wenig Kompetenz in der Bewältigung von Lebensproblemen. Das exzessive Verhalten dient ihm wie die Droge dem Süchtigen in erster Linie dazu, das Leben erträglicher zu machen und bei Problemen ein konsequentes Ausweichen zu ermöglichen. Es wird mehr und mehr zu einer »Selbsttherapie« bei Versagensängsten, Schüchternheit oder Langeweile.

Wenn man sich fragt, wonach Internetsüchtige eigentlich süchtig sind, wonach sie suchen, werden in der Regel diese

Kategorien genannt: Cybersex, Online-Bekanntschaften, Online-Glücksspiel und Online-Computerspiele, exzessive Informationssuche und exzessiver Online-Handel. Man muss allerdings bedenken, dass der Computer oft nur benützt wird, um eine andere Form der Verhaltenssucht, etwa Sex- oder Kaufsucht, zu befriedigen.

Über die Häufigkeit der Computer- und Internetsucht liegen unterschiedliche Zahlen vor. Sie liegen bei Jugendlichen zwischen drei und sechs Prozent, bei Erwachsenen bei zweieinhalb Prozent. Jungen sind eindeutig häufiger betroffen als Mädchen.

Die Entstehung der Computerspielsucht wird auf ähnliche psychologische und neurochemische Ursachen zurückgeführt wie die Spielsucht. Verantwortlich sind immer mehrere Faktoren, unter denen der Wunsch nach Abwechslung, der Reiz des Spannungs-/Entspannungs-Verhaltens, die Tendenz zum Ausweichen vor Problemen, das Erleben von Glücksgefühlen, Macht und Erregung, das Belohnungs- und Vermeidungsverhalten sowie der Versuch, die aus dem Gleichgewicht geratenen Gefühle wieder in eine biochemische Homöostase zu bringen, genannt werden.

Bei computersüchtigen Personen wurden zahlreiche Begleitstörungen, vor allem Ängstlichkeit, Selbstwertzweifel, Vereinsamungsgefühl, Depressionen, aber auch Störungen der Impulskontrolle und substanzgebundene Süchte festgestellt. Begünstigende Persönlichkeitsfaktoren für die Computersucht stellen zudem vermehrtes Kontrollbedürfnis und übergroße Angst vor zwischenmenschlichen Beziehungen dar.

Antworten auf die Frage, ob psychische Störungen auch als Folge exzessiver Computernutzung auftreten können, erbringen zahlreiche Längsschnittuntersuchungen. Diese zeigen einerseits, dass das Internet als »soziale Technologie« Kontaktprobleme und Einsamkeitsgefühle behebt, andererseits aber wegen der unterbleibenden Entwicklung sozialer Kompetenz, dem Vernachlässigen von Beziehungen und Hobbys auch zu einer Art Persönlichkeitsveränderung führe. Diese besteht vor allem in Antriebsarmut, Niedergeschlagenheit, Unkonzentriertheit und sozialem Rückzug. Auch Entzugserscheinungen in Form von Unruhe, Nervosität, Aggressivität und Depressionen wurden beschrieben. Generell kann man sagen, dass die Computernutzung umso ungefährlicher ist, je überlegter, kontrollierter und zeitlich eingeschränkter sie stattfindet.

Erst auf den zweiten Blick entdeckt man, dass exzessives Computerspielen auch körperliche Folgen hat. Es kommt zu physischen Überanstrengungen und muskulären Verspannungen, zu Fehlhaltung und Versteifungen, zu Schlafmangel und Ermattung. Durch das tagelange Sitzen vor dem Computer sind sogar schon Todesfälle durch Thrombosen eingetreten. Computerspielen geht mit erhöhter Herzfrequenz und vermehrten Stressreaktionen einher. Ein gewöhnlich nicht beachtetes Problem bilden die Auswirkungen auf das Essverhalten. Bei exzessivem Konsum wird die Nahrung unregelmäßig eingenommen, das Essen hinuntergeschlungen, oft überhaupt auf die Mahlzeit verzichtet. Im Gegensatz dazu ist exzessives Fernsehen mit Bewegungsarmut, geringem Energieverbrauch und erhöhter Energieaufnahme durch begleitendes Essen verbunden. Da dabei meist Fast Food oder Süßigkeiten verzehrt werden, fällt die Nahrung ausgesprochen ungesund aus.

Noch ist die Computersucht keine offiziell anerkannte psychische Störung. Ihre zunehmende Bedeutung in wissenschaftlichen Publikationen und die immer stärker werdende Inanspruchnahme von Beratungs- und Therapieangeboten werden aber zweifelsohne dazu führen, dieses neue Krankheitsbild auch offiziell anzuerkennen. Im deutschsprachigen Raum haben sich besonders die beiden Berliner Forscherpersönlichkeiten Sabine M. Grüsser und Ralf Thalemann der Problematik angenommen und ganz spezifische Merkmale beziehungsweise Kriterien der Computerspielsucht herausgearbeitet:

- *Einengung des Verhaltensmusters:* Durch die herausragende Bedeutung wird das Computerspielen zur wichtigsten Aktivität des Betroffenen und dominiert sein Denken (andauernde gedankliche Beschäftigung, auch verzerrte Wahrnehmung und Gedanken in Bezug auf das Computerspielen), seine Gefühle (unstillbares und unwiderstehliches Verlangen) und sein Verhalten (Vernachlässigung sozial erwünschter Verhaltensweisen).
- *Regulation von negativen Gefühlszuständen (Affekten):* Durch die beim Computerspielen verspürte Erregung (Kick- oder Flow-Erlebnisse) oder Entspannung (»Abtauchen«) werden negative affektive Zustände im Sinne einer vermeidenden Stressbewältigungsstrategie verdrängt.
- *Toleranzentwicklung:* Die gewünschte Wirkung durch das Computerspielen kann nur durch zunehmend häufigere

oder längere Computerspielzeiten (möglicherweise auch durch immer extremere Spielinhalte) erzielt werden, bei gleichbleibenden Spielzeiten bleibt der gewünschte affektregulierende Nutzen des Computerspielens aus.

- *Entzugserscheinungen:* Bei verhindertem oder reduziertem Computerspielen treten diese in Form von Nervosität, Unruhe und/oder vegetativer Symptomatik (Zittern, Schwitzen etc.) auf.
- *Kontrollverlust:* Das Computerspielverhalten kann in Bezug auf zeitliche Begrenzung und Umfang nicht mehr kontrolliert werden.
- *Rückfall:* Nach Zeiten der Abstinenz oder Phasen kontrollierten Computerspielverhaltens kommt es beim Betroffenen zu einer Wiederaufnahme des unkontrollierten, exzessiven Computerspielens.
- *Schädliche Konsequenzen für Beruf, soziale Kontakte und Hobbys:* Aufgrund des exzessiven Computerspielens kommt es zu zwischenmenschlichen Konflikten zwischen Betroffenem und der sozialen Umwelt beziehungsweise innerpsychischen Problemen beim Betroffenen selbst.

Die Faszination der heutzutage überall verfügbaren virtuellen Medien liegt auch in der Möglichkeit zur Loslösung von der realen Welt. Die Beherrschung der Maschine nährt narzisstische Allmachtsfantasien. Die Beziehung zwischen Computer und Benutzer wird ähnlich außergewöhnlich wie die zwischen Drogensüchtigen zu ihrem Rauschmittel. Er erhält menschliche Attribute wie »brav«, »faul«, »hinterhältig« oder »boshaft«. Er wird zum einzigen »Wesen«, mit dem Kommunikation problemlos möglich ist. Dabei geht aber etwas verloren, was das menschliche Wesen ausmacht: die Emotionalität.

Der Umgang mit onlinesüchtigem Verhalten ist schwierig, da der Betroffene dieses überhaupt nicht als Problem erlebt und keinen Grund für eine Änderung sieht, also keinen Leidensdruck aufweist. Zudem wäre es völlig unrealistisch, eine totale »Computerabstinenz« anzustreben, da dieses Gerät aus unserem Leben weder privat noch beruflich wegzudenken ist und auf die Computernutzung gar nicht verzichtet werden kann. Die Ziele müssten somit darin liegen, dass der Betroffene das Schädliche und Ausufernde seines Computerverhaltens erkennt und einen angemessenen Umgang erlernt. Die Abhängigen sollen sich des Unterschieds zwischen süchtiger und normaler Computernutzung bewusst werden. Sie sollen die durch das exzessive Verhalten hervorgerufenen Probleme wie Rückzug, Vernachlässigen von anderen Interessen und gesundheitliche Folgen reflektieren und überlegen, wie sie zwar nicht auf den Computer verzichten müssen, aber trotzdem anderen Interessen nachgehen können. Der Computersüchtige muss wieder lernen, Stress auf andere Weise als durch Flucht in die virtuelle Welt zu bewältigen und soziale Kontakte auch außerhalb des Netzes herstellen zu können. Der Computer soll wieder zu dem werden, was er ist: eine unverzichtbare und äußerst hilfreiche Maschine, aber kein Beherrscher unseres Lebens.

Die Verhaltenssüchte haben seit Aufkommen der sogenannten sozialen Medien, die sich manchmal als sehr unsozial erweisen können, eine ganz neue Dimension erlebt. 98 Prozent der Jugendlichen und 86 Prozent der Kinder verfügen über internetfähige Medien. 70 Prozent der Kinder und Jugendlichen sind täglich im Netz. Für Medienkonsum wird mit 7,5 Stunden pro Tag mehr Zeit aufgewendet als für die Schule, das Hängen am Handy noch gar nicht mitgerechnet. Smartphone und Co. sind ständige Begleiter. Online ist Normalität, Offline ist Notsituation. Für die »Generation Google« – das sind die ab 1993 Geborenen – sind PC und Internet selbstverständlich geworden.

Bei all ihren enormen Vorteilen haben diese Medien auch negative Auswirkungen: Sie schwächen Aufmerksamkeit und Konzentration, erhöhen das Risiko für Lernschwäche und Lesestörungen, beeinflussen die Kontaktfähigkeit und unser Empathievermögen. Mittelfristig werden die *Digital Natives* wohl auch mit indirekten Folgen wie Übergewicht, Stoffwechselstörungen und Haltungsschäden zu tun haben. Der bekannte Psychiater Manfred Spitzer stellt die provokante Frage: »Macht Google uns dumm?«, und befürchtet, dass das nicht mehr gebrauchte Gehirn atrophieren könnte und die übermäßigen User in einer »digitalen Demenz« landen werden.

Für die Therapie gilt zunächst zu bedenken, dass eine »digitale Kluft« zwischen Kindern und Erwachsenen, zwischen Onlinesüchtigen und Therapeuten vorliegt. Da Jugendliche wesentlich kompetenter in der Mediennutzung sind als die Erwachsenen, entsteht das Paradoxon der »umgekehrten Erziehung«: Kinder erklären Erwachsenen, wie etwas funktioniert. In Erziehung und Beratung ist vor allem die offene Kommunikation zu fördern, die Erlebnisfähigkeit zu unterstützen und das Selbstvertrauen zu stärken. Besonders sollten wir im digitalen Zeitalter mit den übermäßigen Usern aber reflektieren, dass wir nicht nur zu den Herrschern über das große Netz geworden sind, sondern auch dessen Gefangene sein können.

Die Abhängigen von Abhängigen

Ein Mann litt an einer schweren, weit fortgeschrittenen Leberzirrhose. Konsequent bestritt er, dass diese mit überhöhtem Alkoholkonsum zu tun hätte. Sobald das Gespräch auf das Thema Alkohol kam, reagierte er allergisch und brach jegliche Diskussion ab. Seine Familie schloss sich seiner Argumentation völlig an, behauptete stets, dass er ganz normal trinke, entschuldigte ihn am Arbeitsplatz mit falschen Begründungen, beschimpfte den die Lebererkrankung diagnostizierenden Hausarzt als unfähig und verklagte die Behörde, die den Führerschein entzogen hatte. Der Trinkende und seine Angehörigen bestärkten sich trotz immer unübersehbarer Suchtfolgen gegenseitig in der Meinung, es gebe überhaupt kein Alkoholproblem.

An einem Sonntagmittag saß die ganze Familie bei einer Leberspätzlesuppe zu Tisch. Das Thema war wieder einmal das Alkoholproblem oder besser gesagt, dessen nicht gegebene Existenz. Der Mann mit der Leberzirrhose – er trank gerade sein fünftes oder sechstes Bier – verlor plötzlich das Bewusstsein, fiel mit dem Gesicht in den Suppenteller und war nicht mehr zu retten. Der herbeigerufene Hausarzt stellte eine innere Blutung, hervorgerufen durch das Platzen eines Gefäßes in der Speiseröhre, und eine letale Aspiration fest. Später hat der erfahrene Mediziner gemeint, beim Anblick des an Leberspätzle erstickten Mannes habe sich ihm ein peinlicher Gedanke aufgedrängt: Die Leber hat ihren Preis gefordert …

Bei keiner anderen Störung sind Angehörige so sehr involviert wie bei der Sucht. Eltern müssen hilflos mit ansehen, wie ihre Kinder den Verführungen der Drogen verfallen. Frauen leiden unsäglich unter den Alkoholexzessen ihrer Männer oder an seinem rücksichtslosen Agieren unter Kokaineinfluss. Die ganze Familie wird von den überhandnehmenden Schulden eines Spielsüchtigen in den sozialen Ruin getrieben. Arbeits- und Berufskollegen müssen mit mangelnder Leistung, den immer häufiger werdenden Fehlzeiten und den schroffen Persönlichkeitsveränderungen eines trinkenden Mitarbeiters fertig werden. Besonders hart trifft es aber die Kinder von Suchtkranken, welche in der wichtigen Phase des Heranreifens erleben müssen, wie die wesentlichsten Bezugspersonen durch den Rausch völlig verändert, im Verhalten unberechenbar, in der Erziehung lieblos, grausam und oft überhaupt nicht präsent sind. Die traumatischen Erfahrungen können das ganze Leben prägen und zu Störungen führen, die weit ins Erwachsenenalter hinein reichen. Oft mündet dies in eigenem Missbrauchs- und Suchtverhalten. Häufig identifiziert sich das Kind unbewusst mit dem im Rausch stark erlebten Vater oder mit der unter Tabletteneinfluss die Alltagsprobleme bewältigenden Mutter und übernimmt deren Rolle – die des Süchtigen.

Angehörige sind mit Vorwürfen, Kränkungen und Demütigungen vonseiten des Süchtigen und mit Schuldzuweisungen und Distanzierungen von Außenstehenden konfrontiert. Sie erleben sich als hin und her gerissen zwischen der Verpflichtung zu Hilfe und Unterstützung und der eigenen Ohnmacht, der inneren Wut, dem Hass und der Verzweiflung. Die meisten Familienmitglieder wollen helfen, tun dies aber meist mit falschen Mitteln und geraten an die Grenzen ihrer Möglichkeiten. Der wohlmeinende Angehörige, der die Suchtprobleme seines Partners erduldet, übersieht oder verleugnet, nimmt die Rolle eines »Co-Abhängigen« ein. Durch seine unkritisch-solidarische Haltung und das falsche Verständnis von Hilfe prolongiert er oft den Suchtprozess. Weshalb sollte ein Alkoholiker sein Trinken ändern, wenn seine Gattin bei allen dadurch hervorgerufenen Problemen einspringt, wenn sie ihn am Arbeitsplatz mit falschen Ausreden entschuldigt, seine Zechschulden begleicht und bei der Behörde wegen des entzogenen Führerscheins vorspricht?

Mögen die Motive solcher Verhaltensweisen verständlich sein, so sind sie doch in höchstem Maße kontraproduktiv. Eine Großmutter, die ihrem cannabissüchtigen Enkel Geld zur sinnvollen Freizeitgestaltung gibt, bessert lediglich dessen Drogenbudget auf. Ein Freund, welcher einem Spielsüchtigen die letzte Chance in Form eines Kredites gibt, verschafft diesem nichts anderes als eine abermalige, möglicherweise verhängnisvolle Drogenration. Ein hilfloser Gatte, der seiner kaufsüchtigen Frau die Kreditkarte überlässt, damit sie ihre Depressionen durch einen schönen Kauf vertreiben kann, trägt zur Fortsetzung des Problemverhaltens bei. Oft erzählen

Frauen von Alkoholikern, dass sie vor dem Wochenende eigenhändig mehrere Kisten Bier ins Haus geschleppt hätten, damit der Mann zum Trinken wenigstens zu Hause bleiben kann.

Ein suchtkranker Angehöriger übt auf seine Eltern, Geschwister oder Kinder, auf seine Vorgesetzten und Arbeitskollegen, ja auf das ganze System eine ungeheure Macht aus. Er bringt diese bewusst oder unbewusst dazu, sich ständig an seine Bedürfnisse anzupassen, sich nach seinen Vorstellungen umzustellen und ihr soziales Verhalten an seinen Forderungen zu orientieren. Er hat alle in der Hand und macht sie völlig hilflos. Was können die wohlmeinendsten Eltern machen, wenn ihr Kind wieder kifft, was der dominante Gatte, wenn sich seine Frau über alle Drohungen hinwegsetzt und einfach wieder trinkt? Nicht selten mündet die Co-Abhängigkeit in einer eigenen Sucht, in kompensatorischem Essen und Trinken, in Arbeits- und Kaufsucht oder in Alkohol- und Medikamentenabhängigkeit. Es ist dann das passiert, was nie eintreten sollte: Der Angehörige hat sich, obwohl er stets das Gegenteil versicherte, selbst auch noch fertiggemacht.

Wenn wir bei einer Person unseres Umfeldes ein Suchtproblem vermuten oder erahnen, reagieren wir ganz eigentümlich. Wir versuchen zunächst lange Zeit, das Problem zu übersehen, zu verdrängen und so zu tun, als sei es überhaupt nicht existent. Werden die Schwierigkeiten allerdings unübersehbar, suchen wir nach Erklärungsversuchen und mobilisieren all unsere Theorien. Das süchtige Verhalten wird mit einer momentanen Krise, mit allerhand Sorgen, mit Liebeskummer und finanziellen Problemen, mit partnerschaftlichen Schwierigkeiten und Mobbing, mit Stress und Burn-out, mit falschen Freunden und verständnislosen Partnern in Verbindung gebracht. Lässt sich kein unübersehbarer, auf der Hand liegender Grund finden, muss das Unbewusste herhalten. Frühkindliche Traumatisierungen, unausgesprochene und unaussprechbare Probleme, innere Knoten oder versteckte Ängste werden als Ursache vermutet.

Unweigerlich landet die Suche nach Gründen aber bei der Schuldfrage. An einem solchen Verhalten, an so unübersehbaren Selbstzerstörung, an der mit der Sucht verbundenen Rücksichtslosigkeit gegenüber Angehörigen und Freunden, muss jemand schuld sein. Zunächst werden die üblichen Verdächtigen – der falsche Erziehungsstil, der lieblose Ehepartner, der herzlose Vorgesetzte, das Elend der Welt – herangezogen, später gerät – welch schmerzhafter Prozess – die eigene Person ins Visier des Schuldsuchers: Habe ich ihn etwa gekränkt, mich zu wenig um ihn gekümmert, nicht mit ihm gesprochen? Hat sie diesen oder jenen Konflikt nicht verkraftet, oder hält sie manche meiner Eigenheiten nicht aus? Habe ich mit ihm zu oft gefeiert, habe ich zu seinen Problemen zu lange geschwiegen?

Da kein Mensch schuldig sein will und sich gegen äußere oder innere Vorwürfe reflexhaft wehrt, löst die unausweichliche Konfrontation mit den eigenen Anteilen am Suchtproblem eines Mitmenschen genau jenen Reaktionsprozess aus, den der Süchtige seinerseits mitgemacht hat: Das Problem wird bagatellisiert, verdrängt und verleugnet. Wir meiden das Thema und schauen, vom süchtigen Verhalten peinlich berührt, einfach weg. Die Umgebung liefert Begründungen, weshalb das Suchtverhalten nicht so schlimm sei, wie sehr dies von Vorgesetzten oder Ärzten übertrieben werde und dass ohnehin jeder selbst wissen müsse, was er konsumiert und wie er sich verhält.

Besonders am Arbeitsplatz versucht die Umgebung, das Suchtverhalten zu decken und die Suchtfolgen auszugleichen, indem Arbeitsfehler stillschweigend behoben und Leistungsminderungen durch eigenen Einsatz kompensiert werden. Der Süchtige kann sich lange Zeit auf das Verdrängungspotenzial seiner Umgebung verlassen. Die suchtpsychologischen Gesetze funktionieren auch bei der Umgebung einwandfrei. Solange der Suchtkranke jemanden hat, der ihn entschuldigt, ihn deckt und für ihn Erklärungen kreiert, für ihn arbeitet, sich mit ihm solidarisiert und ihn sogar verteidigt, wird er sein süchtiges Verhalten um keinen Deut ändern.

Er wird dies erst tun, wenn er die Folgen selbst zu tragen hat, wenn er wegen seiner Sucht Betroffenheit entwickelt und wenn ihm die Probleme nicht von anderen aus dem Weg geräumt werden. Der Abhängige von den Abhängigen entwickelt eine Art Beziehungs- oder Verhaltenssucht, in deren Mittelpunkt die Sucht einer anderen Person steht. Er arrangiert sein Leben mit jenem des Suchtkranken, wird mit diesem immer enger verstrickt und kann sich daraus nicht mehr befreien. Viele Angehörige werden mit diesen Belastungen, über die sie sich zudem mit niemandem zu sprechen trauen, nicht fertig und krank.

Wie reagieren Angehörige von Süchtigen nun richtig? Wie können sie Betroffenen tatsächlich helfen und wie – dies ist die wichtigste Frage – vermögen sie sich selbst zu schützen? Am wichtigsten sind Transparenz und klares Ansprechen. Wie überall in der Medizin, beginnt auch bei den Abhängigkeitserkrankungen die Heilung mit einer klaren Diagnose. Der Süchtige wird sich mit seinen Problemen erst befassen, wenn er diese sieht und klar zuordnen kann. Solange er am Fehlglauben festhält, alles im Griff und ohnehin kein Problem zu haben, sieht er auch keine Notwendigkeit zur Änderung. Da er lange Zeit selbst über keinen klaren Blick verfügt und ihm bei der Betrachtung seiner Situation die radikale Offenheit fehlt, ist er auf Angehörige und Freunde angewiesen. Wenn diese seine Schwierigkeiten klar analysieren und sein Suchtverhalten mit Folgen schonungslos aufzeigen, tun sie dem Süchtigen Gutes, auch wenn es schmerzt. Die Probleme müssen ungeschminkt und unverfälscht zur Sprache gebracht werden.

In einem weiteren Schritt soll sich der Angehörige vom Suchtkranken abgrenzen, er muss, wenn es ihm auch noch so schwer fällt, für sein eigenes Vorgehen klare Regeln erstellen und dem Suchtkranken vermitteln, dass dieser für die Folgen seines Suchtverhaltens selbst Verantwortung übernehmen und die Probleme ausbaden muss. Um dies zu bewerkstelligen, benötigt der Angehörige Information, Hilfe und Stützung von außen. Es ist ratsam, sich über das Wesen der Suchtkrankheit, über das richtige Verhalten im Umgang mit Süchtigen und über die Möglichkeiten der Suchttherapie durch eine der vielen Beratungs- und Fachstellen zu informieren. Ein außenstehender Berater oder Coach hat zudem den Vorteil, dass er dem emotional hoch besetzten Thema der Sucht mit der nötigen Distanz, aber auch Konsequenz begegnen kann.

Erst wenn sich der Angehörige innerlich von der süchtigen Person distanziert, wenn er sich dem Sog der Co-Abhängigkeit entzieht und eingesessene Gedanken sowie Verhaltensreflexe stoppen kann, wenn er seine eigenen Bedürfnisse wieder in den Vordergrund rückt und sich selbst wichtiger als den Abhängigen nimmt, ist die Rettung – und zwar für beide Teile – möglich.

Am Anfang ist das Wort. Dies gilt auch bei der Lösung von Suchtproblemen. Durch offene Kommunikation werden die Abwehrmechanismen bloßgelegt, die Fassaden abgebaut, die Selbsttäuschungsmanöver enttarnt. Offenheit bedeutet für den Angehörigen, so zu leben, wie es für ihn gesund ist, bedeutet Authentizität: Er muss sich und anderen nichts mehr vormachen.

Man muss den Mut aufbringen, die Sucht anzusprechen, über das Suchtverhalten zu reden und die suchtbedingten Ursachen und Probleme in Worte zu kleiden. Aussprachen sollen zurückhaltend, sachlich und ohne moralisierende Vorwürfe erfolgen. Beschuldigungen verstärken die Abwehrhaltung des Süchtigen, gegenseitiges Beschimpfen führt zu Verletzungen und begünstigt die Flucht in die Sucht. Jeder Streit gibt der Sucht Motivation, neue Nahrung. Wenn der Süchtige mit Vorwürfen und Beschuldigungen reagiert, ist es wichtig, sich mit ihm nicht in den »Infight« zu begeben, sondern seine Attacken ins Leere laufen und verpuffen zu lassen. Es ist hilfreich, die Aggressionen des Süchtigen als Ausdruck seiner

Krankheit, als Außenprojektion seiner inneren Schwierigkeiten und als hilflosen Abwehrmechanismus zu sehen.

Gespräche über Suchtprobleme sollen nie mit einem berauschten Menschen geschehen. In diesem Zustand kann er vielleicht leichter sprechen. Dies geschieht aber ohne Tiefgang und Nachhaltigkeit. Man muss sich, auf beiden Seiten, den Suchtproblemen in nüchternem Zustand, ohne Zeitdruck und ohne äußere Ablenkungen stellen.

Lösungen lassen sich nur verwirklichen, wenn der Suchtkranke in den Entscheidungsprozess eingebunden wird. Nur das Gefühl, die Dinge noch selbst lenken und bestimmen zu können, gibt ihm auch jenes der Verantwortung für sein Schicksal. Der Angehörige soll idealerweise eine Haltung vermitteln, nach der er einerseits in der Sucht und nicht in der Person des Süchtigen das Problem sieht, nach welcher er die Abhängigkeit und nicht den Abhängigen bekämpfen will, und zwar mit aller Konsequenz, in der er aber dem Suchtkranken auch das Gefühl vermittelt, zu ihm als Mensch – was auch immer kommen möge – zu stehen. Allen beteiligten hilft es, wenn klar zwischen dem süchtigen Verhalten und der Persönlichkeit des Süchtigen unterschieden wird.

Sämtliche Bemühungen der Angehörigen haben aber nur Aussicht auf Erfolg, wenn sie unter dem Primat des Konsequentseins stehen. Nur wenn sich die Bezugspersonen selbst an klaren Regeln orientieren und diese auch wirklich einhalten, werden ihre Bemühungen zu einem konstruktiven Leidensdruck führen. Man darf einen Suchtkranken nie in die Enge treiben, da dieser in ausweglosen Situationen panisch reagiert und dann höchste Suizidgefahr besteht. Der Süchtige muss immer ein Licht am Ende des Tunnels, eine Lösung sehen. Vielmehr soll er mit dem Modell des Trichters, der zwar immer enger wird, aber einen Ausgang hat, auf den Weg der kleinen, konsequenten Schritte gebracht werden.

Wie könnte so etwas gut ausgehen? Eine Frau kam wegen Alkoholproblemen des Gatten zu Beratungsgesprächen. Sie hatte sich lange Zeit mit dessen Trinken abgefunden, war jetzt aber am Ende ihrer Kräfte. Sie hatte es jedoch nie gewagt, mit ihrem Ehemann offen über seine Sucht zu sprechen. Erwartungsgemäß war er auch nicht bereit, sie zur Beratungsstelle zu begleiten. Eines Tages erzählte sie mir von einer totalen Eskalation der Situation. Ihr Gatte komme jeden Abend völlig betrunken nach Hause, nässe im Bett ein und wisse in der Früh wegen einer ausgedehnten Erinnerungslücke davon nicht das Geringste. Wie bitte? Sie müsse ihn dann, obwohl es ihre körperlichen Kräfte überfordere, waschen und das Bett neu beziehen, sodass ihm am Morgen gar nichts auffalle. Die Frau hat mir dann nach langer Diskussion versprochen, ihren Mann in einer solchen Situation das nächste Mal in den Exkrementen liegen zu lassen. Schon nach wenigen Tagen saß der Herr in meinem Wartezimmer und bat um einen Therapieplatz. Auf die Frage nach dem plötzlichen Gesinnungswandel antwortete er betroffen: »Stellen Sie sich vor, was mir heute in der Früh passiert ist …!«

Das Ganze ist nun schon über 20 Jahre her, der Mann lebt immer noch abstinent. Hätte es seine Gattin nicht geschafft, ihn mit den entwürdigenden Folgen seines Trinkens zu konfrontieren, wäre die Geschichte wohl nicht so gut ausgegangen.

Nüchtern betrachtet

Wie kann man süchtiges Verhalten verhindern und wie damit fertig werden? Dies ist nicht einfach und erfordert von allen Beteiligten Zeit. Als Hauptproblem erweist sich das lange fehlende Bewusstsein für das Suchtproblem, welches häufig über Jahre hinweg vom Betroffenen und seiner Umgebung gar nicht erkannt wird. Am Anfang ist es deswegen notwendig, Sensibilität für sich und seine Situation zu entwickeln, einen klaren Blick auf die Situation zu werfen und diese – im wahrsten Sinn des Wortes – nüchtern einzuschätzen.

Einen wesentlichen Teil der Bewältigungsaufgaben muss der Betroffene selbst leisten. Er braucht aber immer Unterstützung vonseiten der Angehörigen und manchmal auch professionelle Hilfe. Für alle Beteiligten ist ein klarer Plan, ein stufenförmiges Vorgehen nach einem bestimmten Schema hilfreich. Dies könnte sich folgendermaßen darstellen:

1. Erkennen des Problems
2. »Nüchterne« Beurteilung der Situation, Erstellen einer Kosten-Nutzen-Bilanz

3. Einschätzung des Gewöhnungs- und Abhängigkeitsgrades
4. Bewältigung der Abwehrmechanismen
5. Auseinandersetzung mit der Bedeutung der Droge und des süchtigen Verhaltens
6. Entschluss zu suchtfreiem Leben
7. Abschied von der süchtigmachenden Substanz beziehungsweise dem Suchtverhalten
8. Bewältigung des suchtfreien Lebens, Entwicklung von Coping-Mechanismen
9. Ersatz schaffen, Ausfüllen des Vakuums
10. Selbstanerkennung und Selbstlob

Sucht beginnt dann, wenn die Nachteile durch das Suchtverhalten größer als deren Vorteile sind. Während der Abhängige am Anfang durch süchtiges Verhalten oder die Droge seine Gefühle positiv verändern und sein Selbstwertgefühl steigern kann, verschiebt sich die Stimmungslage im Verlauf des Suchtprozesses mehr und mehr in den negativen Bereich. Der Süchtige leidet unter Minderwertigkeits- und Schamgefühlen, unter Selbstwertzweifeln und Selbstvorwürfen, unter Ängsten und Hemmungen, unter Depressionen und Selbstverachtung. Er versucht mit aller Energie, dieses Elend zu verstecken und hinter einer festen Mauer, die wir Abwehrmechanismen nennen, nach außen hin zu verbergen. Die wichtigsten Abwehrmechanismen sind Verleugnung, Verharmlosung, Projektion, Rationalisierung, Verdrängung, Regression und – gerade im Suchtbereich sehr häufig – Intellektualisierung. Gehen wir diesen, weil sie für die Lösung des Suchtproblems so wichtig sind, näher auf den Grund.

Der Süchtige bringt viel an Fantasie und Kraft auf, um sein Suchtproblem vor sich und der Umwelt zu verbergen. Obwohl ihm die Schwierigkeiten über den Kopf wachsen und die Suchtfolgen unübersehbar sind, behauptet er, jederzeit Herr der Lage zu sein, kein Suchtproblem zu haben, ohne Weiteres aufhören zu können oder Opfer von Verleumdung durch verständnislose Angehörige, böse Kollegen oder übelmeinende Vorgesetzte zu sein. Er verleugnet seine Beschwerden und Störungen völlig. *Verleugnung* hat nichts mit Lügen zu tun, sondern stellt einen tiefenpsychologischen Mechanismus dar, mit welchem der Suchtkranke die unerbittliche, für ihn unerträgliche Wahrheit zu bewältigen versucht. Er will sich nicht beschämen, er will gut dastehen.

Wenn der Süchtige bestrebt ist, seine Abhängigkeit und deren Folgen vor sich und anderen herunterzuspielen, sprechen wir von *Verharmlosung*: »Ich trinke ein oder zwei Bierchen, das hat noch keinem geschadet«, oder: »Ich meide alle harten Getränke« sind typische Beispiele für die verzerrte Realitätswahrnehmung.

Einer der häufigsten und bekanntesten Abwehrmechanismen, mit dessen Hilfe Probleme von der eigenen Person auf andere verlagert werden, ist die *Projektion*. Einem anderen Individuum werden Eigenschaften verliehen, welche der Betreffende bei sich selbst verkennt: »Alle meine Bekannten spielen um viel größere Einsätze als ich, da bin ich ja noch der Harmloseste«, sagt der Spielsüchtige. »Würde ich so viel arbeiten wie meine Bekannten, hätte ich schon längst einen Herzinfarkt«, meint der Arbeitssüchtige. Oder: »Nicht ich habe Probleme mit Drogen, sondern der Staat mischt sich in die Angelegenheiten seiner Bürger ein«, ist ein typischer Abwehrmechanismus des Drogensüchtigen. Durch Projektion werden Gefühle, Impulse, Eigenschaften oder Wünsche, die man nicht für sich akzeptieren kann, auf andere Personen oder Institutionen, manchmal auf den Staat oder die ganze Gesellschaft verlagert. Dadurch kann das süchtig gewordene Individuum sein Problem leichter ertragen und schiebt die Verantwortung anderen zu. Dies führt nicht nur zur Verkennung der Realität, sondern zur Entwicklung einer Vorwurfshaltung, indem sich der Abhängige nur noch als Opfer sieht.

Folgendes Beispiel verdeutlicht dies in typischer Weise: Ein führender Mitarbeiter eines Unternehmens hat sichtlich psychische Probleme. Seine Stimmung ist wechselhaft, sein Verhalten unkalkulierbar, er ist unzuverlässig geworden und weist immer häufiger Fehlzeiten auf. Seine Kollegen bemerken, wie er ständig Tabletten einnimmt und stellen die Symptome einer schweren Medikamentensucht fest. Sie versuchen, ihn zum Besuch eines Arztes oder Psychotherapeuten zu bewegen, was er hartnäckig ablehnt und entrüstet von sich weist. Sie vereinbaren für ihn einen Besuch beim Psychiater, nennen ihm meine Adresse und geben ihm konkrete Termine. Diese hält er nicht ein. Dieses Spiel wiederholt sich über Jahre, die Situation wird immer schlimmer, alle Interventionen und Vermittlungsversuche sind vergebens: »Ich brauche keinen Psychiater, ich kann mir schon selbst helfen«, oder: »Bevor ich eine Entwöhnungskur mache, bringe ich mich um«, sind stets verwendete Argumente. Als der Manager eines Tages doch bei mir landet, begrüßt er mich keinesfalls widerwillig oder abwertend, sondern verblüfft mich mit der Feststellung: »Sie wollte ich schon immer treffen … Ich habe nämlich einen Freund, der hat große Probleme, stellen Sie sich vor: Der ist tablettensüchtig …«

Wenn Sucht und ihre Folgen für den Betroffenen unübersehbar werden und in ihm Angst und Verzweiflung auslösen, konstruiert er Begründungen, weshalb er so handeln oder so konsumieren muss. Er täuscht sich und sein Umfeld mit Scheinargumenten, mit denen er sein Trinkverhalten als richtig und vernünftig darstellen will: »Ich würde ja nicht trinken, aber mein Hausarzt hat mir Alkohol wegen meines angeschlagenen Kreislaufs verschrieben«, oder: »Cannabis ist ein uraltes Heilmittel, das noch keinem geschadet hat«, oder: »Bei mir schadet der Schnaps nicht, da ich ihn beim Arbeiten fortlaufend ausschwitze«, sind klassische Beispiele.

Durch den Abwehrmechanismus der *Verdrängung* soll Angst unterdrückt und Unlust vermieden werden. Verdrängung steht im Gegensatz zur bewussten Auseinandersetzung und zum Verzicht. Bedürfnisse und Fehlverhaltensweisen, die der Süchtige im Prinzip nicht akzeptiert, werden vom sogenannten Über-Ich ins Unbewusste verdrängt und so an der Bewusstmachung gehindert. Dadurch wird die Situation für den Süchtigen zwar erträglicher, gleichzeitig kommt es aber zu einer fortlaufenden Fehlbeurteilung der Realität. Friedrich Nietzsche (1844–1900) hat dies in klassischer Weise ausgedrückt: »Mein Gedächtnis sagt: Das hast du getan. Mein Stolz sagt: Das kannst du nicht getan haben. Nachdem sich mein

Stolz und mein Gedächtnis eine Zeit lang unterhalten haben, siegt immer mein Stolz.«

Der Süchtige behauptet, an seinem Arbeitsplatz nicht die geringsten Probleme zu haben, obwohl ihm die Kündigung ins Haus steht. Selbst nachdem der Partner bereits die Scheidung angedroht hat und sich die Kinder von ihm abwenden, bezeichnet er das Familienleben als ausgezeichnet.

Süchtiges Verhalten ist regressives Verhalten. *Regression* bedeutet das Zurückschreiten von einer höheren auf eine frühere und niedrigere Entwicklungsstufe. Der Kranke wird wieder zum hilflosen Kind, der traumatisierte Erwachsene zum pflegebedürftigen Säugling. Im Rauschzustand treten oft Regressionen auf, indem das Verhalten »kindisch« wird. Bei Regression erfolgt ein Teilrückzug aus einer als bedrohlich und Angst machend erlebten Welt. Der im Rausch aggressiv auftrumpfende Süchtige wird im Entzug weinerlich. Der arrogant und dysphorisch (gereizt) agierende Kokainist fühlt sich in der depressiven Nachschwankung völlig hilflos, der überschuldete Spieler begründet seine Exzesse mit den Worten: »Ich verhalte mich dann wie ein Kind.«

Im Laufe des Suchtprozesses wird die Realität für den Süchtigen unerträglich, er kann im wahrsten Sinn des Wortes nicht mehr hinschauen. Sein Selbstwertgefühl wird chronisch unterminiert, die Lage verzweifelt und aussichtslos. Auf diese unangenehme Situation reagiert der Süchtige mit kompensatorischem Verhalten. Er verwendet all seine Energie und seine Kräfte zur Aufrechterhaltung einer scheinbar noch heilen Welt. Dadurch gelingt es ihm nicht nur, die Angst machende Realität besser zu ertragen, sondern er kann sich gegen jegliche Veränderung zur Wehr setzen und muss keine Verantwortung übernehmen. Seine Welt wird unrealistisch, er unterliegt illusionären Verkennungen. Das Verhalten des desorientiert wirkenden Süchtigen wird für die Umgebung immer verwirrender, weshalb sie sich von ihm zurückzieht. Wenn Angehörige und Kollegen dem Süchtigen in dieser Phase mit einer ablehnenden, moralisierenden oder strafenden Haltung begegnen, wird der Süchtige seine Abwehr noch stärker aktivieren und immer weniger erreichbar sein. Eine sachliche, aber klare und widerspiegelnde Haltung der Umgebung ist also gefragt.

Eine nüchterne Bilanzierung setzt nicht nur Selbst-, sondern auch Fremdwahrnehmung, also sensible Erfassung der anderen Person, voraus. Nur so ist es möglich, die sich in subtilen Änderungen abzeichnende Suchtproblematik rechtzeitig zu erkennen und dann darauf adäquat zu reagieren. Darin stellt sich das Problem der Frühsymptome einer sich noch kaum bemerkbaren Suchtproblematik dar.

Die Frage, ob es sichere und eindeutige Hinweise für eine Verhaltenssucht oder für etwaigen Alkohol- und Drogenmissbrauch von Kindern und Jugendlichen gibt, muss eindeutig verneint werden. Kein einziges Symptom ist für die Einnahme eines bestimmten Suchtmittels typisch, es sei denn, es wird jemand beim Schlucken von Pillen, beim Rauchen eines Joints oder beim Spritzen von Heroin angetroffen. Selbst Injektionsstellen sind kein hundertprozentiger Beweis. Ich untersuchte einmal einen 14-jährigen Jungen, der zahlreiche Einstiche aufwies, jedoch nie illegale Drogen konsumiert hatte. Er hatte das Spritzverhalten nachgeahmt und sich ähnlich wie Jugendliche, welche sich ritzen oder schneiden, selbst gestochen und dabei etwas entwickelt, was der jugendliche Jargon als »Nadelgeilheit« bezeichnet.

Relativ zuverlässig weisen Benommenheit, unkritisch-gehobene Stimmung, Rededrang, Angetriebenheit oder auch mangelnde Anregbarkeit, unmotiviertes Lachen, Weinanfälle, Fehleinschätzungen und Entfremdungserlebnisse auf die Verhaltenssucht hin. Als weniger verlässlich gelten Symptome wie ständige Müdigkeit, Schlaf-Wach-Umkehr, Wechsel von Appetitverlust und Essattacken, gerötete Augen, ständiges Verschnupftsein, ferner sehr enge oder sehr weite Pupillen.

Entscheidend sind nicht einzelne Symptome. Ausschlaggebend ist vielmehr die Gesamtheit der Änderungen auf körperlichem, psychischem und sozialem Gebiet. Gerade Verhaltenssüchte können – wie der Name schon sagt – nur durch Analyse des Verhaltens erfasst werden. Zieht sich der Betroffene vermehrt zurück, ändert er seine Interessen und seinen Freundeskreis, lebt er in seiner eigenen Welt, hat er an Schwung und Initiative verloren, haben sich – ein besonders wichtiges Zeichen – seine Emotionen geändert? Wenn wir das Gefühl haben, dass jemand nicht mehr so richtig fröhlich oder traurig sein, kein Lachen und kein Weinen mehr zeigen kann, wenn er die meiste Zeit mit sich allein verbringt und seine Kontakte immer weniger werden, sollten wir an ein psychisches Problem denken, vor allem an jenes, mit dem wir die größte Trefferwahrscheinlichkeit haben: an die Sucht.

Der Patient als sein eigener Arzt

Fangen wir umgekehrt an: nicht mit dem Patienten als Suchttherapeuten, sondern mit dem Arzt als Süchtigem. Ärzte, Pflegepersonen und andere medizinische Berufsgruppen weisen ein hohes Suchtrisiko auf, das ähnlich zu veranschlagen ist wie jenes von Staub-, Durst- oder Managementberufen, nämlich mit etwa 12 Prozent. Nach einer amerikanischen Untersuchung stellen Alkohol-, Medikamenten- und Drogenmissbrauch bei berufstätigen Ärzten die mit großem Abstand wichtigste Erkrankung dar. Die dort genannten Zahlen traut man sich als Arzt kaum wiederzugeben.

Medizinische Berufe haben ständige Zugangsmöglichkeiten zu Suchtmitteln, die Griffnähe für unterschiedlichste Medikamente ist mit Ausnahme des durch seine Korrektheit geschützten Apothekerberufes in keiner Sparte so groß. Dazu kommen bei Medizinern spezielle Motive. Sie unterliegen ganz besonderen Anforderungen hinsichtlich Verantwortlichkeit, Leistungseinsatz und Arbeitszeit. Nirgendwo sonst können sich kleinste Fehler so verheerend auswirken wie bei der Arbeit des Chirurgen oder Internisten. Ein Arzt kann es sich gar nicht leisten, unkonzentriert, erschöpft, müde oder lustlos zu sein. Er muss einfach immer Höchstleistung bringen, er muss ausgeschlafen sein, er darf nicht versagen. Dieser Zwang verleitet leicht zum Versuch, sein Leistungsvermögen durch künstliche Substanzen zu steigern. Ärzte und Pflegepersonal sind mehr als jeder andere Beruf mit Krankheit, Leid und Tod konfrontiert. Wen wundert dann der Wunsch nach Stressabbau und Entspannung, nach Abschalten und Vergessen? Häufige Arbeit in der Nacht, durch Notrufe zerhackter Schlaf, die Notwendigkeit der steten Verfügbarkeit und die Erwartung der Patienten nach einem ruhig-überlegenen und gelassenen Therapeuten stellen weitere Risikofaktoren für den Einsatz von Suchtmitteln dar.

Mediziner begegnen diesen Stressoren und Problemen oft mit einer Art pharmakologischer Allmachtsfantasie. Sie sind davon überzeugt, Gefühle und Stimmungen, Verhaltensweisen und Biorhythmen durch Pharmaka, mit deren Anwendung sie ja bestens vertraut sind, regulieren zu können. Sie haben eine niedrige Schwelle, bei sich selbst im Falle von Schlafstörungen sofort starke Hypnotika oder bei Schmerzen die (folgen-)schwersten Analgetika, Morphine, einzusetzen. Ebenso wissen sie medikamentösen Rat bei Erschöpfung und Frustration oder bei Stress, Überlastung und Burn-out. Schließlich meinen die Ärzte-Erforscher, dass Mediziner sehr oft ein sogenanntes *Titanic-Syndrom* aufweisen, also in der Meinung leben, selbst unverwundbar zu sein. Sie brauchen den übersteigerten Glauben an die eigene Gesundheit und Unverletzlichkeit, um die ständige Konfrontation mit Not und Krankheit auszuhalten sowie die durch das Leid der Patienten stimulierten eigenen Ängste zu bewältigen. Der Glaube an die absolute Sicherheit endet aber auch hier allzu oft in der Katastrophe – in jener der Sucht.

Davon wollte ich eigentlich nicht sprechen, sondern vielmehr von der Verantwortung des Süchtigen für seine Krankheit. Missbrauch und Abhängigkeit gehören zu den wenigen Krankheiten, bei denen der Patient über Stillstand oder Chronifizierung, über Beendigung oder Rückfall sowie über Niedergang und Heilung entscheidet. Dies kann aber nur geschehen, wenn er sein Problem erkennt, dieses richtig einschätzt und die Verantwortung dafür übernimmt. Dies ist in einer Zeit, wo wir alles und jedes auf Spezialisten und Institutionen übertragen können, nicht einfach. Wir sind es gewohnt, bei jedem Schmerz einen Arzt und bei jedem seelischen Problem einen Psycho-Spezialisten aufzusuchen. Wir haben Mittel für alles und jedes, Medikamente für jegliche Störung und Therapien für alle Probleme. Der Experte flickt für uns zertrümmerte Knochen und verletzte Gefäße zusammen, er bringt schwache Herzen und eingeschränkte Lungen auf Vordermann, er reguliert unseren Blutdruck und unsere Verdauungsfunktionen. Notfalls hilft er bei mangelnder Libido und Potenz nach oder korrigiert Körperteile, mit deren Gestaltung wir nicht zufrieden sind. Die Medizin ist darauf ausgerichtet, dass der Erkrankte die Verantwortung anderen übergibt und die Heilung gleichsam delegiert. Und bei der Sucht soll dies anders sein?

Die grandiose Selbstheilung

Tatsächlich liegt der Schlüssel zur Heilung ausschließlich beim Patienten, nicht bei Beratern, Therapeuten und Suchtspezialisten. Letztere haben eine wichtige Funktion, nämlich jene des Fachmanns, des Helfers und Begleiters, oder – wenn man so will – des Trainers. Wie bei so vielen Aufgaben, die man selbst bewältigen muss, braucht man auch auf dem Weg der Abstinenz Hilfe von außen. Der beste Trainer kann jedoch nicht für den Sportler Tennis spielen oder Slalom fahren, der beste Therapeut ist nicht in der Lage, für den Süchtigen abstinent zu leben. Dies zu erkennen, fällt Suchtpatienten nicht leicht. Wenn sie mit der Realität konfrontiert werden, suchen sie oft nach noch größeren Experten und viel besseren Kliniken. Sie haben von einer Superklinik in den USA, einem Turboentzug in Israel oder einer Brechtherapie in Indien gehört. Auch wenn sie dafür sehr viel Geld ausgeben, müssen sie am Schluss immer erkennen, dass ihnen ihr Suchtproblem niemand wegreden und weghypnotisieren, wegspritzen oder weginfundieren kann. Nur die Person selbst, das süchtige Individuum, kann sich heilen. Diese Feststellung soll aber keinesfalls als gefährliche Drohung, sondern als sehr frohe Botschaft verstanden werden. Bei welcher anderen Krankheit hat der Patient die Chance, die Heilung zu 100 Prozent selbst in die Hand zu nehmen und sein eigener Arzt zu sein?

Die bittere Wahrheit ist nämlich folgende: Unbehandelte Substanzabhängige, also Alkohol-, Medikamenten- und Rauschgiftsüchtige, haben ungefähr dieselbe Chance auf das Überleben der nächsten fünf Jahre wie behandelte Krebskranke. Bei beiden Gruppen werden zirka 30 Prozent die Fünf-Jahres-Grenze nicht überschreiten. Rückfällige Suchtpatienten sterben an Unfällen und Suizid, an Hepatitis und Leberzirrhose, an Anfällen und inneren Blutungen. Der große und entscheidende Unterschied zu den schicksalhaften, bösartigen Erkrankungen liegt in der Möglichkeit der Selbstbestimmung. Der Süchtige entscheidet einzig und allein, ob seine schwere Krankheit gestoppt und die Abhängigkeit beendet wird oder ob es zum Fortschreiten des destruktiven Suchtprozesses kommt. Denken wir an die andere Seite: Was wäre es für ein Wunder, wenn man Krebspatienten etwas in die Hand geben könnte, womit sie selbst über Heilung oder Nichtheilung entscheiden?

Ein ganz erheblicher Anteil der Heilungsarbeit kann oder muss vom Süchtigen selbst geleistet werden. Theoretisch ist dies nicht schwierig, die erforderlichen Schritte leuchten jedem ein und haben ein klares Ziel: süchtiges Verhalten zu vermeiden und abstinent zu leben. Die tatsächliche Umsetzung dieses Vorsatzes – die Umstellung auf völlig geänderte Bedingungen, die Unterdrückung des Suchtreflexes, der Verzicht auf die oft so angenehme Flucht, die Bewältigung von Krisen und Schicksalsschlägen ohne Drogen – ist allerdings ein hartes Unterfangen. Das Wort vom willigen Geist und vom schwachen Fleisch wird bei jeglichem Verzicht neu in Erinnerung gerufen.

Suchttherapie scheitert meist daran, dass sie gar nicht als notwendig erachtet wird und überhaupt nie einsetzt. Wie soll aber eine Störung behoben und eine Krankheit geheilt werden, wenn der Betroffene sich gar nicht krank fühlt? Ohne

Selbstreflexion und kritische Betrachtung seiner Bedürfnisse und Gewohnheiten, ja ohne radikale Ehrlichkeit sich selbst gegenüber, ist es gar nicht möglich, mit einer Behandlung überhaupt zu beginnen. Wir müssen uns trauen, entschlossen hinzuschauen. Dieser Blick bringt oft ein schmerzhaftes Bild, das wir – wie schon öfter ausgeführt – nur schwer ertragen. Unser Ich, oder besser gesagt: unser Stolz, hält dies nicht aus und mobilisiert alle psychischen Kräfte, um das Ganze etwas milder oder erträglicher zu machen. Kein Mensch leidet gern unter Krankheiten, unter solchen mit einem psychiatrischen Anstrich noch dazu, keiner erlebt sich gern als nachlässig, willensschwach oder gar als schuldig. Die Abwehr des Süchtigen leistet dann ganze Arbeit, sodass seine Suchtneigung und seine Suchtschäden mehr oder minder komplett verdrängt werden. Der zweite wesentliche Schritt wird somit die Erkennung und Bearbeitung seiner Verdrängungsmechanismen sein müssen. Dies fällt leichter, wenn man sich selbst zum Seelendoktor macht und sein eigenes Verhalten mit der Brille des Psychoexperten betrachtet. Das garantiert Distanz und verleiht der ganzen Prozedur einen Schuss Humor. Nur allzu oft wird man sich die Nestroy'sche Frage stellen: »Wer ist stärker – ich oder ich?«

Können wir die Sucht mit all ihren Folgen, mit ihrer Bedeutung in unserem Leben und ihrer Dominanz in unserem Denken und Handeln erkennen, stellt sich die Frage, wo die Ursachen des süchtige Verhaltens liegen. Welche Umstände haben uns in Rausch und Abhängigkeit getrieben, was hat zur Flucht in die Sucht geführt? Welchen Problemen wollten wir ausweichen und was haben wir vom entrückten Zustand erwartet? Wenn Sie bei diesen Fragen nicht weiterkommen, überlegen Sie, wie Sie sich in nüchternem und wie in berauschtem Zustand verhalten. Was sagen die abgebauten Kontaktängste, die gelockerte Zunge, die begeisterte Selbstdarstellung, das euphorische Hoch oder das lockere Gefühl zu unserem nüchternen Zustand und über unser Verhalten in der nicht rauschveränderten, realen Welt?

Der nächste Schritt ist der zweitschwierigste. Er ringt uns gleichsam das Eingeständnis ab: »Ja, ich bin süchtig, ich habe ein Abhängigkeitsproblem.« Bevor wir so weit sind, werden wir tausend Ausflüchte suchen, werden nach einer moderateren Lösung trachten und uns vor der bitteren, aber auch befreienden Erkenntnis von notwendig gewordenen Änderungen winden. Das Eingeständnis (eigentlich mag ich den Ausdruck »Geständnis« in diesem Zusammenhang nicht, da er an Verhör und Verurteilung erinnert) nimmt enorm viel Druck von uns weg. Die ganze Energie, die wir in die Aufrechterhaltung einer Fassade, eines makellosen Bildes vor anderen und uns selbst aufgebaut haben, steht nun für wichtigere Aufgaben zur Verfügung. Mit der Erkenntnis, ein medizinisches Problem und nicht ein Laster zu haben, an einer Krankheit und nicht an Willensschwäche zu leiden, kommt es zu Distanzierung und Versachlichung. Wir können nun mit therapeutischem Verstand an die Sache herangehen.

Verzicht nimmt nicht, Verzicht gibt

Nun ist der schwierigste Punkt erreicht. Wir müssen einen bislang unerträglichen und völlig inakzeptablen Gedanken zulassen: Dass wir auf das uns so liebe Suchtmittel verzichten und ohne dieses leben möchten. Etwas, worüber wir bisher nicht einmal diskutieren wollten, soll nun eine ernsthafte Möglichkeit werden und einen realen Plan darstellen? Dies ist, konsequent durchgedacht, beim ersten Mal kaum auszuhalten.

Wenn wir es trotzdem wagen, uns in dieser vorerst unvertrauten Welt einen Schritt weiter vorzufühlen, entstehen durchaus Anregungen und Reize, die mit jenen eines Bergsteigers vor einer steilen Wand oder eines Läufers vor der Marathonstrecke vergleichbar sind. Gelebte Abstinenz ist nichts anderes als ein Marsch durch die Wüste, als eine Expedition in ein wenig bekanntes Land. Das ständige Nüchternsein, auch in gespannten Situationen, das selbstbewusste Neinsagen, das Wahrnehmen einer immer betrunkener werdenden Gruppe mit klarem Verstand, die Beherrschung des Zigaretten-Griffreflexes und das Gefühl, mit freiem Kopf ein Auto zu lenken – wäre das eine Freude, wenn ich heute einer Polizeikontrolle begegnete – sind durchaus reizvoll. »Verzicht nimmt nicht, Verzicht gibt«, hat der Philosoph Martin Heidegger (1889–1976) gesagt.

Man tut sich viel leichter, wenn man die Abstinenz als sportliche Herausforderung denn als »kastriertes« Verhalten betrachtet. Stellen Sie sich vor, der Triathlet würde zu dieser unmenschlichen Leistung gezwungen werden! Oder überlegen Sie sich, welche Sklavenarbeit die Übungen im Fitnessstudio bedeuteten, würden sie nicht freiwillig ausgeführt. Niemand lässt sich das liebste Spielzeug, sein Suchtmittel, ohne weiteres wegnehmen. Jeder krallt sich an seinen Gewohnheiten und den dahinter stehenden Gewöhnungen fest. Freiwillig fällt der Verzicht leichter. Gelungene Abstinenz hängt von positiver Einstellung ab und ist der beste Beweis für ein gesundes Selbstvertrauen.

Wenn wir also die Vorteile eines nüchternen Lebens erkennen und die Abstinenz nicht als Makel, sondern als elitäre Leistung betrachten, stellt sich die Frage, wie wir mit jenen Situationen, in denen wir reflexhaft zur Droge gegriffen oder impulsiv einem süchtigen Verhalten nachgegangen sind, nunmehr fertig werden. Welche Bewältigungsmittel stehen uns außerhalb der Flucht in die Sucht zur Verfügung? Wie bekämpfe ich meine Lust auf ein kühles Bier, wie bewältige ich die Flugangst ohne Beruhigungstablette, wie belohne ich mich nach getaner Arbeit ohne Casino? Wie bewege ich mich außerhalb des großen Netzes? Wir müssen also suchtfreie *Coping-Mechanismen* – wie ein neuhochdeutscher Ausdruck dafür heißt – entwickeln. Vor allem sollen wir uns auf andere Art als mit einem guten Glas Wein, mit einer edlen Line oder einem coolen Chat belohnen. Dabei dürfen wir nie vergessen: Lob, auch Selbstlob, ist die beste Droge überhaupt.

Gegen den Sog der Sucht können wir Selbstdistanzierung, gegen die Verlockungen des Rausches Gelassenheit einsetzen. Wenn wir uns eine dickere Haut wachsen lassen, benötigen wir den Schutzschild des Suchtmittels nicht mehr. Vor allem aber ist es wichtig, die wiedergewonnene Autonomie zu wahren und den von Tag zu Tag wachsenden Schatz des Freiseins zu pflegen. Und denken wir bei der Dauer des Verzichts nur in kleinen Etappen, niemals an den Rest des Lebens, das klingt so nach lebenslang.

Therapie, oder das Ja zur Freiheit

Weil bei der Sucht wie bei jeder Krankheit professionelle Hilfe und gezielte Therapiemaßnahmen erforderlich sind, seien einige Grundzüge jeglicher Behandlung von Abhängigkeitserkrankungen skizziert. Diese unterscheiden sich zwischen den einzelnen Suchtformen nicht wirklich, die Therapie hängt nicht von der Art des Rauschmittels oder des süchtigen Verhaltens ab, sondern muss sich auf die Basisprobleme, die Süchtigkeit mit deren Ursachen und Folgen, beziehen.

In der Suchtbehandlung kommen zahlreiche medizinische, psychotherapeutische und soziorehabilitative Methoden zur Anwendung. Die medizinische Behandlung zielt in erster Linie auf die Behebung der körperlichen Folgesymptome, auf die eigentliche somatische Entziehung und auf die Kompensation zugrunde liegender medizinischer Störungen. In der Psychotherapie werden zahlreiche Methoden, insbesondere Einzel- und Gruppentherapie, kreativ- und systemtherapeutische Verfahren, vermehrt auch Partnerschafts- und Familientherapie eingesetzt.

Die eigentliche Behandlung der Suchtkrankheit lässt sich in fünf Phasen einteilen, nämlich in die *Kontakt-*, *Entgiftungs-*, *Entwöhnungs-*, *Rehabilitations-* und *Nachsorgephase*: In der oft lange dauernden *Kontaktphase* soll der Betroffene objektiv informiert und über das Wesen der Suchtkrankheit aufgeklärt werden. Während dieser Zeit, in der den Angehörigen eine wichtige Rolle zukommt, sollen Kontakte zum Hausarzt, zu Nervenärzten, Psychotherapeuten und Beratungsstellen hergestellt werden. Nicht selten geht der Süchtige unter äußerem Zwang, also fremdmotiviert, zur Therapie, weil der Ehepartner mit der Scheidung droht, der Führerschein entzogen wurde oder der Arbeitgeber kündigen will. Aus der dann nur vordergründig vorliegenden Einsichtigkeit soll im Laufe der Kontaktphase echte Betroffenheit entstehen.

Die sogenannte *Entgiftung* ist nur bei substanzgebundenen Süchten, bei denen nach längerer Abhängigkeit Tage bis Wochen dauernde Entzugserscheinungen auftreten können, notwendig. Während der Entgiftungsphase erhält der Kranke Medikamente, durch die Entzugserscheinungen gedämpft und körperliche Folgeschäden behandelt werden.

In der *Entwöhnungsphase* steht die psychotherapeutische Behandlung im Vordergrund. In Einzel- und Gruppengesprächen werden die Ursachen der Sucht erforscht, fehlgelaufene Entwicklungen aufgedeckt, zum Teil unbewusste Konflikte der Vergangenheit bewusst gemacht und nachwirkende psychische Verletzungen zur Versöhnung gebracht. Der Kranke soll sein bisheriges Leben bilanzieren, eine Zäsur einlegen und sich neu orientieren. Für belastende Situationen, in denen er früher zum Suchtmittel gegriffen hat, werden alternative Verhaltenstechniken, sogenannte *Coping-Stategien*, entwickelt. Bei Unruhe, Nervosität oder Schlafstörungen sind Entspannungstechniken, insbesondere autogenes Training, hilfreich.

Für die erfolgreiche Behandlung ist die soziale Begleitung von außerordentlicher Wichtigkeit. Sofern die Ursachen der Sucht im sozialen Bereich liegen oder es bereits zu sozialen Schädigungen gekommen ist, muss versucht werden, diese krank machenden und die Rückfallgefahr erhöhenden Umstände zu beheben, etwa durch Klärung der familiären Situation, durch Verbesserung der Wohnverhältnisse oder durch berufliche Wiedereingliederung. Der Betroffene soll sich einer Abstinentengruppe oder Selbsthilfeorganisation anschließen, in der er sich mit Menschen, die sich in einer ähnlichen Lage befinden, aussprechen kann.

Vorbeugung oder Präventionitis?

Am Höhepunkt der Drogenwelle setzte man in die Prävention große Hoffnungen, ehe man ernüchtert zur Kenntnis nehmen musste, dass auch Vorbeugung ihre Grenzen hat und letztlich wiederum von der Motivation des Einzelnen abhängt. Da das Zauberwort der Vorbeugung gegen alles Übel, vom Straßenverkehr bis zum Herztod reichend, eingesetzt wurde, haben Spötter bereits vor einer Präventionitis oder Präventionssucht gewarnt. Man ist sich heute darüber einig, dass Prävention immer einen breiten Ansatz braucht und ganz allgemein auf Gesundheitsförderung sowie Erhöhung der Lebenskompetenz abzielen soll.

Für die Prävention ist die frühe Erfassung von Störungen, die später zu Missbrauch und Abhängigkeit führen, von großer Bedeutung. Risikokinder werden schon früh durch Unkonzentriertheit, leichte Ablenkbarkeit, erhöhte Impulsivität, fehlende Selbstkontrolle, aggressives Reagieren oder fehlende Anpassung an die Gruppe auffällig. Durch gezielte Förderung und spezielle Beratung der Eltern lässt sich nicht nur eine Verschlimmerung dieser Störungen, sondern auch die Gefahr späteren süchtigen Verhaltens vermeiden.

Gezielte Suchtprävention bei Kindern muss mehrere Ansätze verfolgen. Suchtmittel dürfen weder als Mittel zur Problemlösung noch als Möglichkeiten zur Flucht aus der Realität dienen. Junge Menschen sollen lernen, mit Substanzen und Verhaltensmöglichkeiten, bei denen eine völlige Abstinenz gar nicht möglich ist, einen kontrollierten oder besser noch: einen kultivierten Umgang zu entwickeln. Nicht zu unterschätzen sind die Chancen des Vermeidens falscher Lernprozesse. Diese gehen von der Überlegung aus, dass solche Jugendliche, die bereits Erfahrungen mit anderen Suchtmitteln gewonnen haben, eher bereit sind, ein neues Mittel auszuprobieren. Raucher lassen sich leichter zu rauschhaftem Trinken hinreißen, Alkoholerfahrene sind eher bereit, illegale Drogen zu probieren. So senkt die Bekämpfung des Rauchens das spätere Risiko für Alkoholprobleme, jene des Trinkens schränkt die Drogengefahr ein.

Genauso wenig wie man in einer vernetzten Welt voll moderner Technologien ohne Computer, Handy und Internet existieren kann, schaffen es die wenigsten, in einer alkoholfreundlichen Kultur völlig abstinent zu leben. Hier greift die bei illegalen Drogen berechtigte Forderung auf totales Vermeiden und völligen Verzicht nicht. Das Ziel aller präventiver Bemühungen muss deswegen im vernünftigen, kultivierten Umgang mit Alkohol liegen. Unsere Kinder brauchen keine Erziehung zur Abstinenz, sondern eine zur Alkoholmündigkeit. Dies würde einen problemlosen, sicheren Gebrauch garantieren. Dazu darf ich Ihnen statt umfangreicher Erklärungen, die den Rahmen dieses Buches sprengen würden, einige handfeste Regeln geben, durchaus zur Weitergabe an Kinder gedacht:

- Starke Persönlichkeiten sind nicht die stromlinienförmigen, sondern jene, die eine eigene Meinung vertreten, auch beim Trinken.
- Sagen Sie mit erhobenem Haupte »Nein«, wenn Sie nicht trinken wollen.
- Wenn Sie Alkohol trinken, betten Sie dies stets in bestimmte Rituale und soziale Begegnungen ein.
- Überlegen Sie, ob es zum Alkoholkonsum nicht Alternativen gibt.
- Alkoholkonsum sollte nicht »reflektorisch«, sondern bewusst und überlegt erfolgen.
- Alkohol »darf« in seiner Bedeutung immer eine Nebensache bleiben.

Vor einiger Zeit habe ich ein Inserat gelesen, in dem ein Coach seine Dienste angeboten hat. Ich dachte mir, das müsste der ideale Suchttherapeut sein: Laut seinen Ankündigungen verfügte er über eine Grund- und zahlreiche Zusatzausbildungen als Coach. Er war Entwicklungs- und Persönlichkeitscoach, Patienten- und Managercoach, Kurz- und Langzeitcoach, Entfaltungs- und Kreativitätscoach, schließlich auch noch Vermögens- und Erfolgscoach. Auf meine Nachfrage hin versicherte er mir, auch »Coach-Coach« zu sein und – etwas zögerlich – Anleitungen zum Selbstcoaching geben zu können. Das Letztgenannte wäre aber für gewohnheitsgesteuerte und süchtige Menschen das Wichtigste, genau darum geht es bei der Prävention und Therapie von Missbrauch und Sucht: um tatsächliches Selbstcoaching.

Und da ist noch die Sehnsucht

Ein einziger Suchtbegriff ist nicht mit Laster, Krankheit oder Abhängigkeit assoziiert, sondern positiv besetzt: jener der Sehnsucht. Erstaunlicherweise hat niemand die Verbindung zwischen Sucht und Sehnsucht so treffend beschrieben wie der als Symbol für rücksichtslose Machtausübung stehende Staatsmann Niccolò Machiavelli (1459–1527), der allerdings auch Philosoph und Dichter war: »Süchte sind entgleiste Sehnsüchte des Menschen in seiner Suche nach Vollkommenheit und Glück.«

Sehnsucht hat keinerlei krankhafte Züge wie Zwang oder Kontrollverlust an sich, sie ist eine menschliche Grundbefindlichkeit. Sehnen als wehmütiges, liebendes Streben stellt das Gegenteil des bewusstseinstrübenden Rausches dar. Obwohl das Wort »sehnen« im Mittelhochdeutschen wörtlich übersetzt »sich verzehren, behindert sein« meint, weist Sehnen keine Nähe zu psychischen Störungen auf. Auch wenn Goethe formuliert: »Nur wer die Sehnsucht kennt, weiß, was ich leide«, ist Sehnsucht keine Krankheit. Im Gegensatz zur Süchtigkeit, welche nach einer bekannten Definition ein »verzweifeltes, selbstmanipulierendes Suchen nach Wiederherstellung der paradiesischen Urbefindlichkeit« bedeutet, stellt sich die gesunde Sehnsucht als ein die Menschen bewegendes, emotional bereicherndes Gedanken- und Gefühlsspiel dar. Sehnsucht hat nichts mit unkontrollierbarer Impulsivität und elementarer Triebhaftigkeit, sondern mit tiefem Verlangen und gesundem Überschreiten des Horizonts zu tun. Sehnsucht richtet sich nach außen und nicht wie der Rausch auf die eigene Person. Sie ist, so hat Ernst Bloch gemeint, die »einzige ehrliche Eigenschaft des Menschen«.

Sehnsucht erweist sich im Gegensatz zur Süchtigkeit als zeitlich begrenzt und nicht ausufernd, sie führt zu keiner Verfälschung der Gewissensinstanzen und zu keiner Deformierung der Persönlichkeit. Wenn wir keine Sehnsüchte mehr haben, treten Ernüchterung, Stillstand und Vereinsamung ein. Wie eine Existenz ohne Ziele den Sinn verliert, so erstarrt ein Leben ohne Sehnsucht. Mark Twain (1835–1910) hat einmal gesagt: »Trenne dich nicht von deinen Illusionen. Sind sie verschwunden, so magst du noch existieren, aber du hast aufgehört zu leben.«

Wonach haben Süchtige und Suchttherapeuten Sehnsucht? Der Süchtige träumt wahrscheinlich von einer bunten Vielfalt allerbester Drogen, von angstfreiem Konsum und grenzenlosem Rausch, von einem nie endenden Fest und paradiesischen Zuständen, von einer tiefen Beziehung und einer gerechten Gesellschaft, wahrscheinlich von wirklicher Heilung und von Freiheit – und vielleicht vom selben wie der Therapeut.

Der Suchttherapeut sehnt sich wohl in erster Linie nach erfolgreichen Therapieverfahren, nach abstinenten Patienten und wirksamen Präventionsmaßnahmen. Vordergründig wird er eine erfolgreiche Bekämpfung des Drogenhandels, eine höhere Besteuerung von Tabak und Alkohol, ein Verbot mancher Computerspiele oder eine bessere Befolgung der Jugendschutzbestimmungen herbeisehnen, wohl auch das Ende der Ballermannkultur. Als Wissenschaftler wünscht er sich neue Erkenntnisse über Suchtgene und Suchtdispositionen oder besseren Einblick in die neurobiologischen Mechanismen süchtigen Verhaltens. Sofern er selbst raucht (immerhin ein Drittel der Therapeuten predigt diesbezüglich Wasser, trinkt aber Wein), hofft er vielleicht sehnsuchtsvoll auf die Entwicklung einer schadstofffreien Zigarette. Ein alter Traum in der Therapie substanzgebundener Süchte ist die Entwicklung von pharmakologischen Möglichkeiten zur Löschung des Suchtgedächtnisses, sodass ein Süchtiger mit medizinischen Maßnahmen auf normales Konsumverhalten umprogrammiert werden könnte. Der Alkoholkranke würde dann Entwöhnungskliniken nur noch zur Absolvierung des »10 000-Liter-Services«, zur Erholung von Exzessen und zum Kräftesammeln für neue Rauscherlebnisse benötigen.

Realisierbare Sehnsüchte sind jene nach einer neuen Alkohol- und Drogenkultur, nach kultiviertem und gesundheitlich nicht schädlichem Konsum und nach besserer therapeutischer Hilfe für alle, die dieser bedürfen. Wünschenswert wären im Suchtbereich die drei großen M (warum müssen wir bei Vorschlägen und Regeln immer von den drei großen A, dem großen ABC oder den drei großen Z sprechen, ist das auch ein Zwang?), nämlich *Mündigkeit, Mäßigkeit* und *Medizinalisierung*. Mit *Mündigkeit* ist gemeint, dass jedes Individuum über den Konsum von Drogen frei entscheidet, frei von Reglementierungen, aber auch frei von Missbrauchstendenzen und süchtigem Zwang. Mündigkeit verträgt sich, wie der Name schon sagt, nicht mit Bevormundung und nicht mit zu vielen Regeln und Gesetzen. Mündigkeit heißt Entscheidung der eigenen Persönlichkeit und des eigenen Gewissens. Mündigkeit ist Autonomie. *Mäßigkeit* meint den vernünftigen Umgang mit Drogen, das bedeutet, diese sollen nur ihrer vorteilhaften Wirkungen halber eingesetzt werden und niemals zu körperlichem, psychischem und sozialem Leid führen. Der Begriff der *Medizinalisierung* bezieht sich auf den Bereich der Therapie und Hilfe. Wenn Menschen wegen psychischer Probleme in Gewöhnung und Abhängigkeit geraten oder ein süchtiges Verhalten zu körperlichen, psychischen oder sozialen Schäden führt, sollen für jeden Behandlungswilligen adäquate therapeutische Maßnahmen zur Verfügung stehen.

Die ganz große Sehnsucht bezieht sich aber auf eine Welt, in der es zwar alle Drogen gibt, in unendlicher Vielfalt, in bester Qualität und zu einem für jedermann erschwinglichen Preis. An diesem Punkt vereinigen sich die Sehnsüchte der Kiffer und Fixer mit jenen des Therapeuten. Diese Welt sollte aber so gestaltet sein, dass die Menschen die Drogen gar nicht brauchen und schon gar nicht von ihnen abhängig werden. Analog zum grandiosen Slogan der Friedensbewegung »Stell dir vor, es ist Krieg – und keiner geht hin!« könnte der Inhalt dieses Traums lauten: »Stell dir vor, es sind alle Drogen frei erhältlich – und keiner nimmt sie!«

Literaturverzeichnis

Batra, A./Mann, K.: *Alkohol und Tabak. Grundlagen und Folgeerkrankungen*. Stuttgart 2005.

Batra, A./Bilke-Hensch, O.: *Praxisbuch Sucht. Therapie der Suchterkrankungen im Jugend- und Erwachsenenalter*. Stuttgart 2016.

Cremer-Schaeffer, P.: *Cannabis. Was man weiß, was man wissen sollte*. Stuttgart 2016.

Deutsche Hauptstelle für Suchtfragen e. V. (Hg.): *Jahrbuch Sucht 2015*. Lengerich 2016.

Freud, S.: *Schriften über Kokain*. Frankfurt am Main 1996.

Freye, E.: *Kokain, Ecstasy, Amphetamine und verwandte Designerdrogen*. Lengerich 2014.

Glaeske, G./Holzbach, R.: *Medikamentenabhängigkeit*. Hamm 2015.

Grüsser, S. M./Thalemann, C. N.: *Verhaltenssucht. Diagnostik, Therapie, Forschung*. Bern 2006.

Haller, R.: *Die Narzissmufalle*. Salzburg 2013.

Hengstschläger, M.: *Die Macht der Gene. Schön wie Monroe, schlau wie Einstein*. Salzburg 2006.

Lindberg, L.: *Wenn ohne Joint nichts läuft. Was man über Cannabis wissen muss*. München 2006.

Mann, K.: *Verhaltenssüchte. Grundlagen, Diagnostik, Therapie, Prävention*. Heidelberg 2014.

Markowetz, A./Schwarz, A. K.: *Digitaler Burnout*. München 2015.

Meyer, G./Bachmann, M.: *Spielsucht. Ursachen und Therapie*. Heidelberg 2011.

Roth, G.: *Essen als Ersatz. Wie man den Teufelskreis durchbricht*. Reinbek bei Hamburg 2005.

Scherbaum, N.: *Das Drogentaschenbuch*. Stuttgart 2016.

Schneider, R.: *Die Suchtfibel*. Baltmannsweiler 2015.

Singer, M. V./Teyssen, S.: *Alkohol und Alkoholfolgekrankheiten. Grundlage, Diagnostik, Therapie*. Heidelberg 2005.

Soyka, M./Küfner, H.: *Alkoholismus. Missbrauch und Abhängigkeit*. Stuttgart 2008.

Spitzer, M.: *Cyberkrank. Wie das digitalisierte Leben unsere Gesundheit ruiniert*. München 2015.

Täschner, K. L.: *Cannabis. Biologie, Konsum und Wirkung*. Köln 2005.

Yazdi, K.: *Junkies wie wir. Spielen, Shoppen, Internet. Was unsere Kinder süchtig macht*. Wien 2013.